地方国有企业改革探索与实践

——以黄石市国有企业混合所有制改革为例

傅建强　著

中国石化出版社
·北京·

内 容 提 要

本书以黄石市国有企业混合所有制改革为例，将地方国有企业改革作为研究对象，尝试构建国有企业改革研究的理论框架，探讨国有企业改革实践与经验，试图解释与揭示中央企业与地方国有企业混合所有制改革的区别与联系，地方国有企业改革现状、存在的主要问题及原因分析，国内外国有企业混合所有制改革经验，国有企业改革的基本思路与政策建议。

本书适用于高等院校国有资产管理专业本科生使用，以及地方国资监管部门、国有企业作为国有企业改革发展之参考，同样适用于有兴趣了解和研究国有资产管理和国有企业改革问题的相关读者阅读、参考。

图书在版编目(CIP)数据

地方国有企业改革探索与实践：以黄石市国有企业混合所有制改革为例 / 傅建强著. —北京：中国石化出版社，2024. 3
ISBN 978-7-5114-7463-6

Ⅰ. ①地… Ⅱ. ①傅… Ⅲ. ①国有企业-混合所有制-企业改革-研究-黄石 Ⅳ. ①F279. 276. 33

中国国家版本馆 CIP 数据核字(2024)第 057296 号

中国石化出版社出版发行
地址：北京市东城区安定门外大街 58 号
邮编：100011 电话：(010)57512500
发行部电话：(010)57512575
http://www. sinopec-press. com
E-mail：press@ sinopec. com
北京富泰印刷有限责任公司印刷
全国各地新华书店经销
*
710 毫米×1000 毫米 16 开本 10. 25 印张 168 千字
2024 年 4 月第 1 版 2024 年 4 月第 1 次印刷
定价：68. 00 元

前言

国有企业是国民经济的顶梁柱，是壮大国家综合实力、保障人民共同利益的重要力量。国有企业改革是整个经济体制改革的中心环节。推进国有企业改革和发展，总体上能增强国有企业的活力和国有经济的控制力，对于建立社会主义市场经济体制，促进经济持续快速健康高质量发展，提高人民生活水平，保持安定团结的政治局面，巩固社会主义制度，都具有十分重要的意义。

早在21世纪初，我便与国有企业改革结下了不解之缘。记得还是在武汉大学商学院(现武汉大学经济与管理学院)求学期间，听学院教授们在“中国经济改革与发展”课程上分析国有企业改革与发展专题时，才真正了解国有企业改革的现状、存在的问题及进一步改革的举措，这便引发了我对国有企业改革与发展有进一步深入研究的思考。研究生毕业后，选择了国资监管工作。

来地方国有资产监督管理委员会工作之时，正值地方国有企业改革实施第二轮改革的关键时期。此轮改革相对于1999年至2001年底实施的第一轮改革而言，改革的对象已非国有中小型企业，而是国有大中型企业，重点是市属国有骨干重点企业。此轮改革有其自身的特点：一是企业组织结构相对复杂。绝大多数企业是母子公司或总分结构，管理层级多，职工规模大。据初步统计涉及企业150多户，资产近200亿元，职工12万多人。二是企业资本结构较复杂。既有上市公司，也有非上市公司，还有债转股企业。特别是债转股企业，中国东方资产管理公司、中国信达资产管理公司等资产管理公司占绝大部分股份，市属国有股权比例较小，改革的主动权并非在地方。三是改革的程序较复杂。一些债转股公司和上市公司，在改革过程中，须先征得大股东的意见即中国东方资产管理公司等资产管理公司的同意，才能实施股权回购或股权出让程序。若实施股权出让，还得寻找战略投资者。股权回购或出让都需逐级申报，获得省级国资监管部门、国务院国资委、中国证监会等多部门批准后才能实施。而这些申报程序需经长期、反复的工作才有可能完成。

来地方国资监管部门工作后，分别参与了上市公司股权分置改革、引进战略投资者并购重组、剥离改制、协议转让、股权转让、政策性关闭破产等国有企业多种形式的改革。在改革的过程中，特别是制订企业改革方案时，苦于没有现存的经验可以借鉴，常常翻箱倒柜，寻找可以借鉴的模式、方法与经验。也曾幻想，若有一本地方国有企业改革经验介绍的书，能介绍地方国有企业改革的模式、方法与经验，可为地方国有企业改革提供借鉴，那应该是地方国有企业改革者、政策制定者及相关国有企业盼望已久的。

在地方国有资产监管部门工作十五载，其间，持续思考一些国资监管和国企改革方面的问题，如在2005年撰写的《地级市国有资产监督范围的研究与思考》中，探讨了经营性国有资产、行政事业单位国有资产、资源性国有资产在地级市如何实现集中统一监管；在《制订改制方案的探索与实践》中，探讨了国有企业改制方案制订的步骤、实践中需要注意的问题等，这些都是对工作实践中遇到问题的思考与总结，相对比较片面，没有对国资监管和国企改革做系统、全面的分析与思考。

真正认真全面系统地思考国企改革工作还是源于要写博士毕业论文，选择了当时热门话题国有企业混合所有制改革，学术界讨论比较多的，要么是理论上对为什么国有企业要实施混合所有制改革、如何实施混合所有制改革、怎样搞好混合所有制改革做深入探讨，要么是针对某个企业特别是中央企业探讨其实施混合所有制改革的前因、过程及后果。但以某个地方特别是地级市整个区域的国有企业混合所有制改革做样本的分析较少。而实际上，与中央企业相比，地方国有企业的企业户数、资产总额、涉及职工人数都要大很多，与地方经济社会发展的关系也要复杂很多，国有企业改革中遇到的问题也会更多，需要考虑的因素也可能会更多、更具体。基于此，就以黄石市为例，对国有企业混合所有制改革进行了深入研究，旨在深入探讨地方国有企业改革的发展历程、实践成果和经验总结。通过对黄石市国有企业混合所有制改革的案例分析，为其他地区国有企业改革提供借鉴和参考，通过深入剖析黄石市国有企业混合所有制改革的实践过程，探讨改革中所面临的问题和挑战，为下一步改革提供决策依据。

在此过程中，充分调研了黄石市国有企业的混合所有制改革情况，收集了大量的第一手和第二手资料。通过对改革过程中的关键人物进行访谈，了解改革的具体措施和成效。同时，还对比分析了中央企业与地方国有企业混合所有制改革、国内外国有企业混合所有制改革经验，提出了黄石市国有企业混合所有制改革的基本思路及政策建议。

本书在博士论文的基础上做了一定修改，共分七个部分：

第一、二部分为理论基础，重点介绍了国有企业混合所有制改革相关概念，分析了与之相关的产权理论、制度变迁理论、委托代理理论、区域经济理论和公司治理理论等理论，为下步研究提供理论基础。

第三、四、五部分为现状分析，比较分析了中央企业与地方国有企业混合所有制改革异同，认为地方国有企业混合所有制改革涉及面更广、结构和程序更复杂；重点分析了黄石市国有企业混合所有制改革现状、存在的问题，为下一步推进国有企业混合所有制改革夯实了基础。

第六、七部分为解决问题的方式、措施及政策建议，重点分析了国外发达国家的混合所有制改革经验，地方及典型企业混合所有制改革实践，明确提出了黄石市国有企业混合所有制改革的基本原则、思路，针对改革中存在的问题提出了建议意见。

在本书即将出版之际，在此感谢中国石化出版社的领导与编辑，对本书出版给予的专业指导和无私帮助。感谢武汉大学经济系张秀生教授、曾国安教授、王冰教授、程承坪教授等老师在科研和学习中的悉心教导。衷心感谢王军民、何昌福等同学，在资料查找、撰写过程中给予的无私帮助。感谢湖北省国资委平本栋等领导，黄石市国资委的领导和同事王斌、冯志刚、程贵芬、伍宏根、徐丰、李军、赵洁、周福东等提供的支持与帮助。感谢我的家人，家人的辛勤付出、无私奉献、督促鼓励是我完成本书写作的前提保障和动力源泉。

必须提的是，改革只有进行时，没有完成时。一些制约国有企业发展的深层次体制机制障碍还没有想透、写得不足。这些萦绕在心头的问题与不足将鞭策我们努力探索与前行，推动国有企业深化改革，加快发展，争当高质量发展的“排头兵”、科技创新的“领头雁”，为实现中国式现代化注入更强劲的动能。

傅建强

2023 年 12 月于井冈山大学

目录

全书内容概述

改革开放以来，我国经济蓬勃发展，经济总量连上新台阶，取得了令人瞩目的成就。然而，繁荣背后仍存在着一些隐患，面临着诸多挑战：世界经济的不确定性，稳增长任务重、压力大，经济增长核心动力源有待加快培育，经济结构亟待转型升级，政府职能转变还需做很多工作，地方债务风险亟待防范等。究其根源在于重大结构性失衡导致经济循环不畅，须从深化改革入手。党的十九大报告中指出："中国特色社会主义进入新时代，我国社会主要矛盾已经转化为人民日益增长的美好生活需要和不平衡不充分的发展之间的矛盾。"要实现"两个一百年"奋斗目标，就必须着力解决当前经济发展中的不平衡不充分问题，必须通过深化供给侧结构性改革，加快完善社会主义市场经济体制，使市场在资源配置中起决定性作用。

自20世纪80年代以来，国有企业改革一直被视为我国经济体制改革的中心环节。当前国有企业混合所有制改革与垄断行业改革是我国社会关注的热点，部分重要领域混合所有制改革是国有企业改革的难点，地方国有企业混合所有制改革更是国有企业改革的重点，它不仅关系到企业的活力与效率，也关系到整个国有企业的改革与发展，关系到区域经济和整个国民经济的发展。随着国际国内形势不断变化，为应对复杂多变的经济冲击，党的十八届三中全会明确提出要发展混合所有制经济，并将其作为社会主义初级阶段经济制度的重要实现形式，把混合所有制改革作为深化国有企业改革的重要突破口。党的十九大报告对深化国有企业改革、发展混合所有制经济提出了要"培育具有全球竞争力的世界一流企业"的更高要求。习近平总书记强调"发展混合所有制经济，基本政策已明确，关键是细则，成败也在细则。""改革关键是公开透明。"这为下阶段深化国有企业改革指明了方向。二十大报告更是提出要"持续深化国资国企改革"，并对深化国资国企改革作出了重大部署。国资国企改革在完善"1+N"政策体系的顶层设计下，连续制定了两个三年行动方案，持续深化国资国企改革，重点将完善中国特色现代企业制度、加快国有经济布局优化和结构调整、推动国有资本和国有企业做强做优做大、大力弘扬企业家精神、不断提升企业核心竞争力、加快建设世界一流企业等任务向纵深推进。

本书研究过程中，采用了多种研究方法，具体包括文献研究和历史分析法、理论分析和经验分析法、定性分析和定量分析法，归纳与演绎法等。

本书分为七个部分，主要内容如下：

第一、二部分为理论基础。第一部分为导论。在此部分介绍了本书研究背景及意义，研究的目的，国内外研究现状，研究的重点难点及本书采用的研究方法。

第二部分为国有企业混合所有制改革相关理论基础。在此部分中重点介绍了国有企业混合所有制改革相关的概念，分析了与国有企业混合所有制改革相关的产权理论、制度变迁理论、委托代理理论、区域经济理论和公司治理理论等基本理论，为下一步研究提供了理论基础。

第三、四、五部分为现状分析。其中第三部分为中央企业与地方国有企业混合所有制改革的比较分析，对中央企业与地方国有企业的功能与作用、规模与效益进行了比较分析，同时对中央企业与地方国有企业混合所有制改革的异同进行了比较分析，认为中央企业与地方国有企业的混合所有制改革在目的、路径、监管方式存在相同点，在改革力度、改革试点的扩展程度、政策执行力度方面存在差异。

第四部分为黄石市国有企业混合所有制改革的现状分析。此部分重点论述了黄石市国有企业改革基本情况、黄石市国有企业混合所有制改革发展历程，重点分析了黄石市国有企业混合所有制改革现状。

第五部分为黄石市国有企业混合所有制改革存在的问题及原因分析。此部分重点分析了黄石市国有企业混合所有制改革存在的问题及其原因，为下一步推进国有企业混合所有制改革夯实了基础。

第六、七部分为解决问题的方式、措施及政策建议。第六部分为国内外国有企业混合所有制改革的模式与路径，重点分析了英国、新西兰、法国、美国、新加坡等国外发达国家的混合所有制改革经验，上海、江西、山东等地国有企业混合所有制改革实践以及中国联通、金隅集团、湖北某商贸国有控股集团、广州无线电集团等中央企业和地方国有企业的混合所有制改革实践，在此基础上得出应因地制宜、因企施策、明确改革的模式与路径，考虑好改革方案的细节及相关配套政策。

第七部分为黄石市国有企业混合所有制改革的基本思路及政策建议。此部分明确提出了黄石市国有企业混合所有制改革的基本原则、基本思路，针对改革中存在的问题提出了建议意见。

本书主要有三个方面创新：

其一是研究视角创新。本书运用理论分析现状到解决问题的逻辑，比较分析了中央企业与地方国有企业混合所有制改革异同，深入研究了黄石市国有企业混合所有制改革现状、存在的问题及原因，借鉴国外国有企业混合所有制改革的模式与路径、上海等省市及我国中央企业和地方国有企业混合所有制改革实践经验，提出了黄石市国有企业混合所有制改革的思路与对策。这对推动我国地方国有企业混合所有制改革具有借鉴意义。

其二是比较分析了中央企业和地方国有企业混合所有制改革异同。对中央企业和地方国有企业的概念及内涵、功能与作用、规模与效益进行了比较分析，重点比较了中央企业与地方国有企业混合所有制改革的异同。认为两者在改革目的、路径和监管方式存在相同之处，而在改革力度、改革试点的扩展程度及政策执行力度方面存在差异，指出地方国有企业混合所有制改革应采取因企制宜、一企一策、分类实施的改革方式，不能搞“一刀切”，同时明确改革的模式与路径，考虑好改革方案的细节及相关配套政策。

其三是对黄石市国有企业混合所有制改革存在的问题及原因进行了全面分析，并针对性地提出了对策建议。通过分析认为，黄石市国有企业混合所有制改革存在政企不分问题、公与私的思想顾虑问题、公与私的有效融合问题以及法人治理结构问题等，究其原因，主要包括缺乏明晰的政策指引、产权交易市场不完善、国有资产管理依然不规范、国企与非国企的发展历程差异以及国有企业分类不清等方面。针对问题提出了相应的解决措施及建议。黄石市国有企业混合所有制改革的基本原则是“六个坚持”：坚持基本经济制度、坚持做强做优做大国有企业、坚持市场运作、坚持增量优先、坚持积极稳妥推进、坚持依法合规操作。其核心思路为：因企制宜，分层分类改革；采取多种途径，积极吸引各类资本参与；健全治理机制，完善企业法人治理结构；坚持试点先行，依法合规操作。其对策为：落实顶层设计，为混合所有制改革提供政策指引；完善市场环境，为混合所有制改革铺平道路；坚持分类实施，推动国有企业混合所有制改革；健全产权交易市场，推动产权公平交易；更新思想观念，提高社会认可度；充分借鉴国内外经验，优化公司治理结构；加强国有资产监管，防止国有资产流失。

第一章
导　论

混合所有制经济是社会主义初级阶段经济制度的重要实现形式，发展混合所有制经济是党的十八届三中全会明确的重大任务，是深化国有企业改革的重要举措。党的十八届三中全会以来，全面深化改革作为“四个全面”的重要内容已成为新时代的主旋律。作为经济体制改革的中心环节，国有企业改革是全面深化改革的重中之重，备受社会各界广泛关注。

当前，国有企业混合所有制改革与垄断行业改革是我国社会关注的热点，部分重要领域混合所有制改革是国有企业改革的难点，地方国有企业混合所有制改革更是国有企业改革的重点，它不仅关系到企业的活力与效率，也关系到整个国有企业的改革与发展，关系到区域经济和整个国民经济的发展。党的十八届三中全会强调要积极发展混合所有制经济，推动国有企业深化改革。党的十九大报告对深化国有企业改革、发展混合所有制经济提出了要“培育具有全球竞争力的世界一流企业”的更高要求。党的二十大报告更是提出要“持续深化国资国企改革”。习近平总书记强调“发展混合所有制经济，基本政策已明确，关键是细则，成败也在细则。”“改革关键是公开透明。”这为下阶段深化国有企业改革特别是国有企业混合所有制改革指明了方向。国资国企改革在完善“1+N”政策体系的顶层设计下，连续制定了两个三年行动方案，持续深化国资国企改革，主要将完善中国特色现代企业制度、加快国有经济布局优化和结构调整、推动国有资本和国有企业做强做优做大、大力弘扬企业家精神、不断提升企业核心竞争力、加快建设世界一流企业等重点任务走深走实。

一、研究背景及意义

改革开放以来，我国经济蓬勃发展，经济总量连上新台阶，取得了令人瞩目的成就。国家统计局数据显示，1979—2012 年，中国经济年均增速达 9.8%，远高于同期世界经济年均增速 2.8%。中国经济总量在世界排位由 1978 年的第 10 位上升到 2010 年的第 2 位，成为全球第二大经济体。自 2014 年开始，中国已进入世界 GDP 总量超 10 万亿美元俱乐部；中国经济总量占世界经济的比重从 1978

年的1.8%上升至2012年的11.5%[1]。近年来，中国已成为世界经济增长的第一引擎。数据显示，按2010年美元不变价计算，2011年到2018年，中国对世界经济增长的贡献率分别为28.6%、31.7%、32.5%、29.7%、30.0%、33.2%、34%、30%，年均贡献率超过30%，稳居全球首位[2]（见图1-1）。2022年，我国经济总量已达1210207亿元，约占全球经济总量的17.98%，稳居世界第二位；经济增速为3.0%；人均可支配收入36883元，比上年增长2.9%，属中等偏上收入国家。

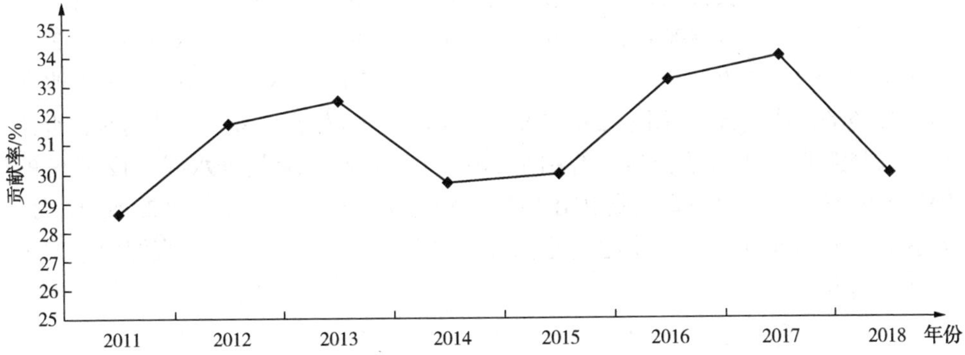

图1-1　中国对世界经济增长的贡献率

然而，中国经济正处在转变发展方式、优化经济结构、转换增长动力的爬坡过坎期，经济繁荣的背后仍存在着一些隐患，面临着诸多挑战。2021年中央经济工作会议指出，我国经济发展面临需求收缩、供给冲击、预期转弱三重压力。压力的化解需促进需求扩张，兼顾供给稳定，注重预期引导。

一是世界经济发展存在不确定性。金融危机爆发至今，全球经济并未迅速复苏。当前，国际经济形势仍充满着不确定性，处于深度调整期，全球经济增速放缓，陷入"经济低增长陷阱"。中美贸易摩擦不仅影响中美两国经济发展，也将对世界经济发展产生一定的不利影响。受全球经济增速下滑、地缘政治冲突等影响，全球经济处于不稳定和波动时期，世界贸易前景不容乐观。

二是国内需求不足仍是突出矛盾。当前，我国经济企稳回升，但仍面临困难与挑战，恢复和扩大内需是推动经济持续好转的关键。从宏观上看，需求不足主要表现为需求恢复明显滞后于供给恢复，造成部分产业供给大于需求，企业去库存压力增大。从微观上看，受疫情冲击，居民和企业的资产负债表受损严重，居

[1] 改革开放以来中国经济年均增长9.8%，载《海南日报》(http://hnrb.hinews.cn/html/2013-11/07/content_12_3.htm)，2013年11月7日。

[2] 人民日报海外版：中国对世界经济年均贡献率超三成，载《凤凰财经》(http://finance.ifeng.com/a/20170424/15316291_0.shtml)，2017年4月24日。

民消费更趋于谨慎，企业投资意愿和风险偏好下降。需求的持续恢复有赖于资产负债表的修复，该修复过程取决于市场主体的自我修复能力，同时也取决于政府政策支持的力度❶。

三是稳增长任务重、压力大。中国经济步入新常态，其发展方式已由注重高速增长转向注重高质量发展，发展模式也将发生深层次改变，房地产泡沫、地方债危机和金融风险等方面问题不断出现。新常态下，经济下行的挑战十分明显。未来经济增长速度将由高速转为中高速，由过去两位数式的经济增长方式转变为个位数式的经济增长方式，经济发展压力大。自 2008 年以来，我国 GDP 同比增速总体逐年走低。从 2008 年到 2018 年，我国 GDP 增速分别为 9.6%、9.2%、10.6%、9.5%、7.7%、7.7%、7.3%、6.9%、6.7%、6.8%、6.6%，这表明我国宏观经济整体下行(见图 1-2)。2022 年 GDP 增速仅为 3.0%。与此同时，近几年我国制造业 PMI 指数低迷，特别是 2018 年底跌破了荣枯分水线，12 月份的 PMI 降为 49.4%，中小型企业 PMI 指数分别为 48.4%和 48.6%。2022 年 12 月，制造业 PMI 低至 47%，中小型企业 PMI 分别为 46.4%和 44.7%，表明中小型企业处境更艰难。

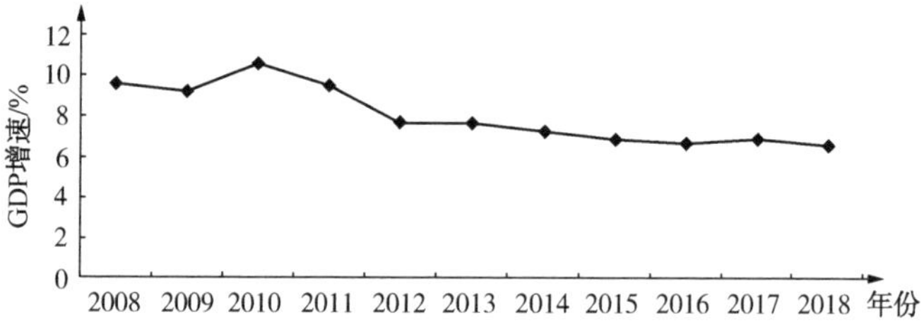

图 1-2　我国 GDP 增速图

四是经济增长核心动力源有待加快培育。中国经济过去近 40 年高增长的动力主要来自人口红利和改革开放。1962 年至 1976 年是我国人口出生高峰期，随后出现生育率断崖式下降，2022 年我国人口出现近 61 年来的首次负增长，比 2021 年末减少 85 万人，人口老龄化加速到来，导致我国人口红利逐渐消逝。自 1978 年开始，我国已开展三轮改革，20 世纪 80—90 年代我国已实施两轮改革，2013 年开始，我国启动了新一轮经济体制改革❷。本轮经济增长的动力将由要素

❶许予朋：全球经济发展存在不确定性，载新浪网新浪财经，https://finance.sina.com.cn/jjxw/2023-05-22/doc-imyurauq5224108.shtml。

❷第一轮是以家庭联产承包、乡镇企业为重点的改革；第二轮是以分税制、商业银行、国有企业、WTO 为重点的改革；第三轮是以财税、金融、国有企业、法治、简政为重点的改革。

驱动向创新驱动转变，从过去拼资源、拼劳力转向要高新技术、要新的经济增长点[1]。当前，我国面临的创新挑战和技术瓶颈依然存在，科技体制改革、创新能力提升还有很长的路要走，离依靠“技术红利”创造经济增长核心动力源之路还很漫长。

五是经济结构亟待转型升级。在经济新常态下，经济发展主线变成了经济增长方式的转变，即由粗放型向集约型经济增长方式转变。中国产业结构与发达国家相比，需求结构、区域结构、城乡结构、收入分配结构等都有很大调整空间，均制约中国经济质量的整体提高。中国经济结构要实现转型升级需抓好三个转变。首先，从出口导向型转变为内需拉动型。拉动经济增长的“三驾马车”中，投资率长期过高，自改革开放以来，中国的投资始终保持在 30%以上，截至 2008 年，中国 29 年里投资率平均值为 37.4%。80 年代以来，世界平均投资率为 22.7%，中国是世界平均水平的约两倍[2]。消费水平严重偏低，我国最终消费率由 2000 年的 62.3%下降到 2011 年的 48.2%，下降了 14.1 个百分点。根据 IMF 和世界银行的估计，我国消费水平明显低于世界平均消费 80%左右的水平[3]。其次，从来料加工、模仿式的低级模式向“中国智造”创新型转变。需要依靠更多的创新，实现经济可持续增长。最后，从资源消耗型向资源节约型、环境友好型转变。解决资源环境问题的关键在于坚持节约优先、开发与节约并举原则，大力推进节能降耗，提高资源利用效率，实现绿色发展、健康发展。2020 年 9 月 22 日，中国在第 75 届联合国大会上正式提出 2030 年实现碳达峰、2060 年实现碳中和的目标。

六是政府职能转变还需做很多工作。政府职能转变的核心是处理好政府和市场的关系，关键是简政放权，从体制机制上放松对各类市场主体的束缚，释放市场活力，让市场来决定资源配置。同时发挥好政府作用，要提升服务，强化基本公共服务，强化城乡区域协调发展，强化生态环境保护，强化公共服务机制创新；要加强社会治理，改进社会治理方式，激发社会组织活力，有效预防和化解社会矛盾；要严格依法行政，坚持依法科学民主决策，严格规范公正文明执法，深化推进政务公开。

七是地方债务风险亟待防范。地方政府债务数额庞大。从财政部预算司发布的 2022 年 12 月地方政府债券发行和债务余额情况来看，2022 年，全国发行地方政府债券 73676 亿元（含新增 47566 亿元，再融资 26110 亿元），其中一般债券

---

[1] 肖炼：当前世界与中国宏观经济形势分析，载宣讲家网，2016 年 11 月 14 日，http://www.71.cn/2016/1114/920641.shtml。

[2] 叶檀：中国投资率过高在自掘陷阱，载《上海企业》，2015 年第 5 期，第 52 页。

[3] 李丹：中国最终消费率过低之谜，载《上海财经大学学报》，2013 年第 2 期，第 91—96 页。

22360 亿元、专项债券 51316 亿元。截至 2022 年 12 月末，全国地方政府债务余额 350618 亿元，其中一般债务 143896 亿元、专项债务 206722 亿元。加上地方政府违法违规为政府融资平台担保举债，采取 PPP 项目保底承诺、回购安排等方式进行变相举债，导致地方性债务风险更大。

中国经济运行中存在的矛盾和问题，既有周期性、总量性的原因，也有根本性、结构性原因，其根源在于重大结构性失衡导致经济循环不畅，须从供给侧结构性改革上想方法，从突破不平衡不充分的发展上下功夫，努力实现供求关系新的动态均衡。改革的最终目的是要满足人民日益增长的美好生活需要，要将提高供给质量作为供给侧结构性改革的主攻方向，深化改革作为其根本路径。

自 20 世纪 80 年代以来，国有企业改革作为联系公有制经济的主导地位和市场机制配置资源的决定性作用的关键性枢纽，一直被视为我国经济体制改革的中心环节。伴随着我国经济体制由计划经济向市场经济转变，国有企业经过了 40 多年的探索与发展，历经了最初的利改税、拨改贷、放权让利、承包租赁经营到 20 世纪 90 年代的兼并、重组、技术引进、中外合资经营、推行股份制、建立现代企业制度等一系列改革举措后，其体制机制、内部治理及现代化建设等各方面发生了脱胎换骨的变化，活力不断增强，动力不断强化，红利不断释放，盈利能力与国际化程度有了大幅提升，为我国经济建设和社会发展作出了积极贡献。据国务院国资委通报，国有企业改革红利加速释放，截至 2022 年底，中央企业资产总额增至 81 万亿元，比 2012 年增长 1.58 倍。2012 年至 2022 年，中央企业营业收入从 22.3 万亿元增长至 39.6 万亿元，利润总额从 1.3 万亿元增长至 2.6 万亿元，累计上缴税费约占全国税收收入的 1/7，向社保基金划转国有资本 1.21 万亿元[1]。中央企业核心竞争力不断增强，掌握了许多重点领域的关键核心技术，如“天宫一号”空间实验室、“悟空号”暗物质粒子探测卫星等。2017 年有 48 家中央企业入选世界 500 强，几乎占到中央企业总数的一半。2022 年更是有 60 家中央企业(我国共有 145 家企业上榜，其中国有企业 99 家、民营企业 46 家)上榜，占中国上榜企业的 41.38%。中央企业在中国经济发展中真正起到了压舱石作用。2016 年，中央企业创造的增加值约占全国 GDP 的 8.2%，上缴税费和收益约占全国财政收入的 13.2%[2]。根据国资委发布的《中央企业高质量发展报告(2022)》显示，2021 年中央企业上缴税费 2.4 万亿元，比 2012 年增长 35.5%。2013 年以来中央企业累计上缴税费 18.2 万亿元，约占全国税收收入的 1/8，上缴国有资本收

---

[1] 国资委：十年来央企资产总额从 31.4 万亿元增长到 81 万亿元，载央广网，http://news.cnr.cn/native/gd/20230223/t20230223_526162340.shtml。

[2] 周锐：国资委党委书记郝鹏谈央企四大变化：党的领导大大加强，载国务院国资委网站(http://www.sasac.gov.cn/n2588025/n2588119/c8035322/content.html)，2017 年 10 月 18 日。

益 1.3 万亿元。[1] 然而，时至今日，仍不能说国有企业改革已取得圆满成功。从总体来看，长期困扰我国国有企业的效益低、市场竞争力不强、可持续发展能力差等老大难问题，仍未得到根本解决。加上政企职能尚未完全分开、国有企业功能有待进一步细分、布局和结构有待继续优化、国有资产管理模式有待改善等问题，严重影响了企业市场化经营机制的形成，亟待进一步深入研究解决。

新时期，我国社会的主要矛盾已发生变化，要实现“两个一百年”奋斗目标，实现中华民族伟大复兴的中国梦，就必须着力解决当前经济发展中的不平衡不充分问题，必须通过深化供给侧结构性改革，加快完善社会主义市场经济体制，使市场在资源配置中起决定性作用。当前，我国正处在全面深化改革的关键期，国有企业改革是全面深化改革所有任务中难度最大，且关系全面深化改革速度和成效状况的具有决定性作用的关键改革。国有企业改革滞后，将拖其他各项改革的后腿；唯有破解国有企业改革的难点重点，才能有力地推进其他各项改革的进展。

随着国际国内形势不断变化，为应对复杂多变的经济冲击，党的十八届三中全会提出发展混合所有制经济，通过构建公平、公正的市场平台，融合国有企业实力加民营企业活力，共同提升企业的核心竞争力[2]。国有企业混合所有制改革并不是要把国有企业改散了、改垮了、改没了，而是要体现“两个毫不动摇”，优化国有企业布局，提高国有企业竞争力，促进多种所有制经济携手共同发展。2015 年 9 月出台的《中共中央、国务院关于深化国有企业改革的指导意见》进一步明确了要推行国有企业混合所有制改革，并提出了具体改革实施意见。

发展混合所有制经济是完善基本经济制度的必然要求。我们必须实施国有企业混合所有制改革来发展混合所有制经济。国有企业和民营企业在资源、管理和技术上各具优势，且两者优势能相互补充、相互促进。在资源方面，国有企业具有获取国家战略资源和进入重要行业领域的优势，而民营企业具有获取社会网络资源和市场信息资源的优势；在管理方面，国有企业有完善的制度建设和健全的管理体制，而民营企业有灵活敏捷的管理体制，便于创新和应变[3]；在技术方面，国有企业有强大的技术创新研发能力，而民营企业有丰富的技术转换手段。两者融合成混合所有制经济，能使加快培育和重构的微观市场主体更具活力和效益，能使社会主义基本经济制度更巩固和完善。

---

[1] 中央企业高质量发展报告(2022)，载国务院国资委网站(http://www.sasac.gov.cn/n2588020/n2877938/n2879671/n2879673/c26508617/content.html)，2022 年 11 月 17 日。

[2] 程志强：国有企业改革和混合所有制经济发展，第 1 页，北京：人民日报出版社，2015。

[3] 程志强：国有企业改革和混合所有制经济发展，第 2 页，北京：人民日报出版社，2015。

党的十八届三中全会以来，我国混合所有制改革一直在稳妥推进。特别是2015年国务院印发了《关于国有企业发展混合所有制经济的意见》后，国家发改委已选择三批50家企业开展试点；国务院国资委已选择10家试点企业进行员工持股计划。国务院国有企业改革领导小组办公室已选取百家中央企业子企业和百家地方国有骨干企业共404家企业在2018—2020年期间实施“国企改革双百行动”。第四批混合所有制改革试点也已推出，共有160家企业(其中中央企业系统107家、地方企业53家)在推进重点领域改革。随后实施了国企改革三年行动即《国企改革三年行动方案(2020—2022)》，它是落实国有企业改革“1+N”政策体系和顶层设计的具体施工图，是对党的十八大以来各项国企改革重大举措的再深化。2023年6月，中办国办联合印发《国有企业改革深化提升行动方案(2023—2025)》，提出了优化国有经济布局，加快建设现代产业体系；完善国有企业科技创新机制，加快实现高水平自立自强；强化国有企业对重点领域保障，支撑国家战略安全；以市场方式推进整合重组，提升国有资本配置效率；推动中国特色国有企业现代公司治理和市场化经营机制长效化；健全以管资本为主的国资监管体制；营造更加市场化、法治化、国际化的公平竞争环境；全面加强国有企业党的领导和党的建设等八方面重点。地方国有企业混合所有制改革更是如火如荼，各地分别出台相关改革方案，探索改革经验。国有企业改革特别是国有企业混合所有制改革已在路上。我们在抓国有企业混合所有制改革的过程中，有必要弄清什么是混合所有制改革、国有企业开展混合所有制改革的原因是什么，其阻碍因素有哪些、改革的模式和途径有哪些等问题，这对我们认识混合所有制改革、支持混合所有制改革、积极稳妥推进混合所有制改革有着极其重要的意义。

二、国内外国有企业混合所有制改革研究现状

西方国家研究混合所有制、混合经济早于中国。相关研究多集中在宏观理论方面，在中微观层面具有可操作性的研究成果较少。

(一) 国外混合所有制研究

西方学者研究混合所有制的主要表现形式为混合经济，多集中在研究国有化改革、私有化改革和公私合营方面的相关文献中。

“混合经济”概念的真正创始人阿瑟·庇古在其名著《福利经济学》中提出社会资源的最优化配置问题，强调国家和市场的双重作用。他在分析市场经济缺陷时使用了“外部性”“社会成本”等概念，认为在经济领域内市场经济并非唯一手段、最好手段，外部性问题并不能由经济主体自身解决，仍需政府干预来实现。庇古把铁路、自来水、电力等领域定位为事关全局的产业，认为这些产业应国有化、政府经营。对不适于国有化的产业实行特殊鼓励和特殊限制政策，如农业实

施补贴，对引起污染的产业征重税。他认为这是一个循序渐进的过程，终点将是“混合经济”状态。庇古因此成了西方国家现代“混合经济”概念的真正创始人❶。

约翰·梅纳德·凯恩斯在其出版的《就业、利息和货币通论》一书中指出，扩大政府职能是挽救资本主义制度的“唯一切实办法”，“让国家权威和私人策动力相互合作”。凯恩斯对公共支出与事务、预算赤字和需求管理持支持态度，认为市场这只“看不见的手”的缺陷可由国家来修正。该理论蕴含丰富的混合经济思想❷。

热拉尔·罗兰在《私有化：成功与失败》一书中研究了20世纪80年代西欧国家私有化进程中的混合所有制案例，指出“混合经济体被世界上大多数国家承认，混合经济是最成功的一种经济模式”。罗兰认为，西欧的私有化运动通常采用的是出售国有企业的部分股份，从而形成混合所有制股份公司。罗兰指出，对留有政府控制权的私有化企业，无论处于哪个行业，都会得到政府给予的补贴贷款、合同保障和避免竞争等方面的特殊利益❸。

美国经济学家阿尔文·汉森在其出版的《财政政策和经济周期》一书中，对“混合经济”的含义进行了系统解释。他认为，从19世纪末起，大多数资本主义国家的经济是私人资本主义与“社会化”的公共经济共存。这种并存现象被汉森称为“双重经济”。

法国经济学家莫里斯·阿莱认为，各行业都应有政府经营的企业，以更好地体现公有制和私有制的相对优缺点。他认为，部分企业的国有化运动能促进行业内公私产权的融合，这为混合经济的产生铺平了道路。

英国学者纽曼在他的《现代化的政府治理——新工党、政策和社会》一书中提出“第三条道路”，并对此进行了分析。他认为，从所有制构成看，从社会民主阶段到“第三条道路”阶段，存在着传统型混合经济向新混合经济的转变。传统的混合经济在所有制层面上看似“公”与“私”之间的混合，但仍走的是“凯恩斯主义”强调政府经济干预与管制的老路。而新混合经济既强调市场经济模式与规律，又强调政府宏观调控经济的能力。新混合经济认为政府对市场起调节、补充和润滑的作用，并非起支配作用。

由此可见，西方学者认为混合经济是一种良好的制度选择，混合所有制的出现是历史发展的必然，不以人的意志为转移的客观存在。国外学者的混合所有制思想对我们研究中国混合所有制经济有一定的借鉴意义。

---

❶[英]阿瑟·庇古：福利经济学，金镝译，第89页，北京：华夏出版社，2007。
❷[英]约翰·梅纳德·凯恩斯：就业、利息和货币通论，第326页，北京：商务印书馆，1986。
❸[美]热拉尔·罗兰：私有化成功与失败，第59—60页，北京：中国人民大学出版社，2013。

（二）中国混合所有制研究

20世纪80年代中后期起，我国理论界开始对混合所有制进行研究。从时间上看，以党的十五大和党的十八届三中全会为分水岭，大体可分为党的十五大前、党的十五大后和党的十八届三中全会后三个阶段。研究范围主要包括混合所有制的概念辨析、发展模式，以及混合所有制下的国有产权管理、股权监管、公司治理等方面。

1. 早期(党的十五大前)混合所有制研究

1987年《我国市场资料所有制的演变》❶一文中最早提出并论述混合所有制概念。该文指出，不同行业、不同地区、不同经济成分(国营与集体、集体与个体、国营与个体)之间的合资经营或合作经营，便形成了多种形式的混合所有制。若不同的所有制合资经营企业，则该合资经营企业便是混合所有制。1989年有学者对混合所有制概念进行了诠释，认为混合所有制是由两种或两种以上的基本所有制结合而成，且有吸取多种所有制优点的可能。1994年在《股份制与现代市场经济》一书中积极倡导国有企业股份制改革。该书提出的国有股流通、国有产权明细、股票发行和上市规范等建立和规范现代企业制度及股份制方面的思想都蕴含着混合所有制思想。1995年在《从企业功能着眼，分类改革国有企业》一文中提出了国有企业改革以产权改革为核心的思想，随后提出了社会主义经济是“八宝饭”的混合经济观点。同年又有学者❷提出了“联合所有制”概念，认为联合所有制作为次生所有制，不能超越代替原生所有制。从我国学者们的早期研究看，均认同混合所有制所展现的活力。而国有企业股份制和产权制度改革的思想，推动了我国国有企业改革政策的出台和混合所有制经济发展。

2. 党的十五大后混合所有制研究

有学者❸研究了混合所有制企业与市场经济的相容性问题，认为混合所有制与市场经济的兼容性要高于纯粹的国有企业。有学者❹提出了“新公有制”概念，认为国有及国有控股的股份制企业、公众持股的股份制企业及各种基金的所有制企业组成“新公有制”。在《混合所有制的双重架构》一文中指出，混合所有制是多元主体财产制度，存在双重构架，宏观上多种所有制成分以独立形态并存于同一经济空间，构成社会性；微观上多种所有制成分合一，构成个体性。而《市场

---

❶薛暮桥：我国生产资料所有制的演变，《经济研究》，1987年第3期，第15—28页。

❷黄如桐：当前部分私营企业大户和一些理论工作者对私营经济的观点述评，《经济学动态》，1995年第3期，第33—37页。

❸何立胜、管仁勤：市场经济体制与社会主义基本经济制度，《河南师范大学学报(哲学社会科学版)》1999年第1期，第28—30页。

❹厉以宁：谈谈新公有制企业，《理论参考》，2004年第2期，第18—19页。

理性、国家理性与现代混合经济发展》❶一书中则把混合经济归纳为次生性、资本的联合性、投资主体多样性和优势互补性“四性”的特点，并建立混合经济动态模型理论分析了产权结构的配置效率，认为企业层面混合经济的边界是动态的。还有学者❷认为，发展混合所有制经济应在社会、国有经济和国有企业三方展开，将公有制和非公有制经济统合起来，实现共同发展。由此可见，我国学术界对混合所有制经济的积极作用已逐步认识，但对国有企业改革实践缺乏理论支撑。

3. 党的十八届三中全会后混合所有制研究

研究者观点呈现百家争鸣：质疑论认为，国有企业混合所有制改革的最后结果是侵害人民的财产权益；私有论提出，新一轮经济改革的核心要对国有企业实行部分的或全部的私有化；发展论指出，发展公有制控股的混合经济，可巩固和加强公有制的主体地位。《大力发展公有资本为主体的混合所有制经济》❸一文认为，股份制经济应成为公有制的重要实现形式。有学者❹认为，要走制度化的混合所有制之路，混合所有制是一种包容性的制度安排。有学者❺认为，推进混合所有制改革要强制性自上而下推动，要积极调动国有企业，吸引民营资本和外资参与。国资改革要从管企业向管资本过渡。有学者则相信混合所有制经济是同一社会经济体中，不同形式的所有制经济相互结合而构成的所有制状态。还有学者指出，要想发展混合所有制经济，根本出路在于加强制度建设，继续完善现代产权制度，进一步深化国有企业改革及培育成熟的市场经济。上述论述发展了混合所有制理论，阐述了对基本经济制度的新观点，总体认为，混合所有制是伴随国有企业改革而诞生的一种经济模式，也是完善公司治理结构的一种制度安排，为民营经济发展提供了理论支持。

（三）关于国有企业混合所有制改革研究

1. 国有企业混合所有制改革的内涵

要想准确把握国有企业混合所有制改革方向，首先必须正确理解混合所有制概念的内涵和外延。但目前理论界对“混合所有制”概念的界定并未统一。有学

❶葛扬、林乐芬：市场理性、国家理性与现代混合经济发展，北京：中国经济出版社，2008。

❷石玉顶：我国混合所有制经济问题研究评析，《思想理论教育导刊》，2005 年第 10 期，第 61—64 页。

❸程恩福、董宇坤：大力发展公有资本为主体的混合所有制经济，《政治经济学评论》，2015 年第 6 期，第 116—128 页。

❹匡贤明：为何重提混合所有制，《中国经济报告》，2014 年第 4 期，第 49—52 页。

❺季晓南：发展混合所有制是深化国企改革的突破口和加速器，《上海经济》，2014 年第 5 期，第 8—10 页。

者[1]认为，现代企业制度若无所有权歧视，天然是混合所有制。有学者[2]则将混合所有制定义为在企业内部以资本为纽带的不同所有制成分结合形成的所有制形态。更多学者则认为，混合所有制是公有制与私有制相融合的产物，并非一种独立的所有制形式；多数学者将混合所有制分为宏观层面和微观层面两类，其中宏观层面指的是混合所有制经济，微观层面指的是混合所有制企业。还有学者[3]认为，少数国有企业由国家控股，大量国有企业实施混合所有制即为其提倡的“新公有制”。

2. 国有企业混合所有制改革原因研究

有学者认为，国有企业快速发展阻碍了中国经济市场化改革的发展方向和国有企业与非国有企业间的公平竞争，给中国经济社会发展带来了许多不利后果，故学者们普遍认为混合所有制改革的初衷是为了解决国有经济运行中的问题。很多学者认为，国资委权力太集中，本身缺乏有效监督，同时存在政企政资不分、权责不明等问题；有学者认为国有企业功能定位界定不清，现代企业制度未真正建立，政企分开难落实，是国有企业混合所有制改革中存在的最大障碍。中国社会科学院工业经济研究所课题组等认为，国有经济布局不合理，存在布局过宽、资源配置不优、规模不经济、产业结构趋同等宏观问题，存在国有企业资产流动性差、资本化低等微观问题。有些学者[4][5]认为，国有企业内部治理不科学，国有股东具有经济和社会双重责任，企业容易步入经营目标多元化的困境；内部董事和控股股东掌控董事会，易形成“内部人控制”，产生大股东侵占小股东利益等行为。一些学者[6]认为，公司治理机制不规范，管理行政化，存在“内部治理的外部化、外部治理的内部化”等现象。有研究者认为，企业激励约束机制缺乏，企业高管政商合一，企业经营业绩考核指标的行政化，导致企业经营不以市场盈利为目标，而以政府目标实现为目的。《积极发展混合所有制经济：战略构想和顶层设计》[7]一文认为，国有企业混合所有制改革的动机就是要解决体制、机制

[1]李维安：深化国企改革与发展混合所有制，《南开管理评论》，2014 年第 3 期，第 1 页。

[2]何自力：发展混合所有制经济要坚持社会主义方向，《山东社会科学》，2014 年第 11 期，第 23—26 页。

[3]厉以宁：论新公有制企业，《经济学动态》，2004 年第 1 期，第 17—20 页。

[4]卢俊：推进混合所有制深化国有企业改革，《宏观经济管理》，2014 年第 9 期，第 18—20 页。

[5]梁法院、丁胡、冯磊：新一轮国有企业改革中发展混合所有制经济研究，《未来与发展》，2014 年第 4 期，第 72—75 页。

[6]黄群慧、余菁：新时期的新思路：国有企业分类改革与治理，《中国工业经济》，2013 年第 11 期，第 5—17 页。

[7]李正图：积极发展混合所有制经济：战略构想和顶层设计，《经济学家》，2014 年第 11 期，第 100—101 页。

和制度方面的问题，释放“改革红利”。而在《中国国有企业混合所有制改革研究》[1]一文中则认为，国有企业混合所有制改革就是要推动国有企业的去行政化，打破国有企业的行政级别。有学者[2]认为，国有企业混合所有制改革，能重塑市场微观主体，推动国有企业市场化改革，提升国有企业效率效益，增强国有经济的控制力、影响力和带动力。有研究者[3]通过分析各类股权结构的国有企业的业绩优劣发现，几乎所有绩效指标都是国有相对控股公司最好，进而推导出改革国有企业产权模式必须推动国有企业混合所有制改革。在《混合所有制改革与国有企业政策性负担——基于早期国企产权改革大数据的实证研究》[4]一文认为，国有企业部分民营化的改革方向是正确的，同时研究发现，垄断性行业的混合所有制改革效率高于竞争性行业。有学者[5]认为，国有企业混合所有制改革能促进多种所有制资本取长补短、相互促进、共同发展，可将国有资本的资本优势与民营资本的灵活市场机制优势合二为一，产生“1+1>2”的治理效果。《国有企业混合所有制改革问题刍议》[6]认为，国有企业混合所有制改革面临的主要问题包括国有企业与非公有资本的有效融合问题、国有企业接纳非公有资本的意愿问题及国有资产流失风险，必须转变政府职能，完善相关政策，破除垄断弊端，分步实施改革方案。一些学者[7][8]通过实证研究证明，国有企业通过混合所有制改革在一定程度上提高了经济效率。

3. 国有企业混合所有制改革路径

在改革方向上，有研究者[9]认为，发展混合所有制经济要坚持社会主义方向，不是国有企业私有化，而是建立能有效保证国有经济追求“国家使命导向”发展的制度基础。《科学理解和积极发展混合所有制经济——关于改革和加强国

[1]黄速建：中国国有企业混合所有制改革研究，《经济管理》，2014 年第 7 期，第 1—10 页。

[2]卢俊：推进混合所有制深化国有企业改革，《宏观经济管理》，2014 年第 9 期，第 18—20 页。

[3]戚聿东、柳学信：深化垄断行业改革的模式与路径：整体渐进改革观，《中国工业经济》，2008 年第 6 期，第 44—55 页。

[4]陈林、唐杨柳：混合所有制改革与国有企业政策性负担——基于早期国企产权改革大数据的实证研究，《经济学家》，2014 年第 11 期，第 13—23 页。

[5]李维安：深化国企改革与发展混合所有制，《南开管理评论》，2014 年第 3 期，第 1 页。

[6]张强、湛志伟、蒋光超：国有企业混合所有制改革问题刍议，《中国财政》，2014 年第 22 期，第 54—55 页。

[7]杨汝岱：中国制造业企业全要素生产率研究，《经济研究》，2015 年第 2 期，第 61—74 页。

[8]刘晔、张训常、蓝晓燕：国有企业混合所有制改革对全要素生产率的影响——基于 PSM-DID 方法的实证研究，《财政研究》，2016 年第 10 期，第 63—75 页。

[9]夏小林：2014：国企与改革——兼评被污名化的“国资一股独大”，《管理学刊》，2014 年第 3 期，第 1—15 页。

有企业的对话》[1]一文指出，国有企业混合所有制改革必须坚持用马克思主义基本原理做指导，正确理解国有企业。有学者[2]认为，国有企业混合所有制改革不能“只混不控”“以卖代混”。在顶层设计上，有学者[3]则认为，必须从宏观、中观和微观三个层面进行全方位设计。还有研究者[4]提出，应尊重群众首创精神，要统一规划，稳步推进；统一政策，一企一策，分类推进，切忌“一刀切”。在处理政府与市场的关系上，中心任务是改善官僚制度。有学者认为，国有企业低效率的原因不在国有股权本身，而在外在条件。有研究者[5]认为，混合所有制经济发展受阻的原因在于政府干预过多扭曲了市场机制，导致国有经济单兵突进。有研究者[6]提出，要软化垄断行业的刚性准入制度，减少行政垄断。《按照市场经济的法则深化国企改革》[7]一文认为，国有企业应建立硬预算约束制度。在国资监管体制上，《新时期的新思路：国有企业分类改革与治理》[8]一文认为，应明确国有企业的功能定位，他们将国有经济部门分为一般商业性、特定功能性和公共政策性三类，提出分类治理机制。同时提出了政策决策部门——国资经营管理部门——国有企业三层架构。有研究者[9]提出强化国资监管的三大举措：转变国有资产监管方式实现以“管资本”为主、完善投资管理体制、放宽非公有资本准入条件。中国社会科学院工业经济研究所课题组等提出“三层三类全覆盖”管理体制[10]。在完善企业治理结构上，有学者[11]认为，全国国有企业90%以上已完成公司制股份制改革，形式上已建立三会一层治理结构，但其运行机制和实际效果与

[1]项启源、何干强：科学理解和积极发展混合所有制经济——关于改革和加强国有企业的对话，《马克思主义研究》，2014年第7期，第5—14页。

[2]蒋海曦、田永：用《资本论》研究成果推进我国全面深化改革——全国高等财经院校《资本论》研究会第31届年会综述，《经济纵横》，2014年第10期，第122—124页。

[3]李正图：积极发展混合所有制经济：战略构想和顶层设计，《经济学家》，2014年第11期，第100—101页。

[4]卢俊：推进混合所有制深化国有企业改革，《宏观经济管理》，2014年第9期，第18—20页。

[5]陈东、董也琳：中国混合所有制经济生产率测度及变动趋势研究，《经济与管理研究》，2014年第6期，第33—43页。

[6]蒲宇飞：完善动态混合所有制结构焕发经济活力，《经济问题》，2013年第11期，第4—10页。

[7]钟祥财：按照市场经济的法则深化国企改革，《探索与争鸣》，2014年第3期，第58—62页。

[8]黄群慧、余菁：新时期的新思路：国有企业分类改革与治理，《中国工业经济》，2013年第11期，第5—17页。

[9]胡洁：新一轮国企混合所有制改革：问题及建议，《中国发展观察》，2014年第11期，第32—35页。

[10]“三层三类全覆盖”管理体制，即将国有企业分为公共政策性、特定功能性和一般商业性三类，建立“国有经济管理委员会、国有资本运营公司或国有资本投资公司、一般经营性国有企业”的三层管理体制。

[11]汤吉军：国有企业经济理论与政策制定一些思考，《国有经济论丛（2013）——国有经济发展与完善市场经济体制》，第29—30页。

现代企业制度相比仍相距甚远，仍需政府和企业持续努力。有研究者[1]认为，当前国有企业改革的重要任务是反垄断与去行政化，改革的方向是建立职业化和规范的经理人制度。一些学者[2][3]主张对国有企业经营者实行分类管理。有些学者[4]提倡建立多元制衡的公司治理机制。有研究者[5]提出内部治理和外部治理相结合，逐步建立以外部董事为主的董事会机制和完善经理人市场机制。还有研究者[6]认为，推进竞争性行业和领域的商业类国有企业混合所有制改革的有效途径有三条，即实现股权多元化、完善企业治理结构和管理方式、提高市场竞争能力。

4. 国有企业混合所有制改革的政策环境

有研究者[7][8]提出，混合所有制改革要注重文化融合，防止文化冲突。有些学者[9]认为相关非正式制度(包含文化在内)可降低不确定性和交易成本。有研究者认为，建立和完善公司治理和市场竞争方面的政府规制，是解决国有股权代理问题的补充方案。有学者[10]提出，要建立长效激励约束机制，推行员工持股计划。《国企改革中实施混合所有制探析》[11]一文认为，应完善国资退出领域的员工安置等方面的相关法律法规及配套机制。

5. 国有企业混合所有制改革的政策建议

就如何抓好国有企业混合所有制改革，学者们提出了许多很好的政策建议。一些研究者[12]提出，应探索科学的国有股权转让定价模式，进一步健全国有产权

---

[1] 桁林："大国有"战略下国企改革的任务与趋势——对国企三次改革大潮的反思，《福建论坛(人文社会科学版)》，2011 年第 10 期，第 140—146 页。

[2] 黄再胜：转型期国企经营者的身份博弈与经济后果，《当代经济科学》，2011 年第 6 期，第 103—108 页。

[3] 李维安：深化国企改革与发展混合所有制，《南开管理评论》，2014 年第 3 期，第 1 页。

[4] 张斌、嵇凤珠：股权制衡与混合所有制改革：基于特质信息释放效率的视角，《江海学刊》，2014 年第 6 期，第 92—96、238—239 页。

[5] 梁法院、丁胡、冯磊：新一轮国有企业改革中发展混合所有制经济研究，《未来与发展》，2014 年第 4 期，第 72—75 页。

[6] 任永强、张秀生：稳妥推进国有企业混合所有制改革，《经济日报(理论周刊)》，2016 年 5 月 5 日第 13 版。

[7] 童有好：略论混合所有制企业的文化融合，《理论导刊》，2015 年第 6 期，第 106—108 页。

[8] 童有好：发展混合所有制经济要注意的几个问题，《经济论坛》，2014 年第 10 期，第 110—113 页。

[9] 齐平、赵羿安：非正式制度与国企民企融合发展，《江汉论坛》，2014 年第 10 期，第 16—21 页。

[10] 何自力：发展混合所有制经济要坚持社会主义方向，《山东社会科学》，2014 年第 11 期，第 23—26 页。

[11] 胡锋：国企改革中实施混合所有制探析，《贵州社会科学》，2014 年第 10 期，第 110—113 页。

[12] 齐平、王子扶、陈俊龙：交易成本、禀赋效应与国有股权转让定价——兼论国有企业混合所有制改革的新思路，《湖北经贸大学学报》，2015 年第 5 期，第 90—91 页。

制度，大力培育成熟的资本市场与建立科学的国有股权转让补偿机制等措施。有研究者❶提出，国有企业混合所有制改革应采取改制上市、资本并购、产业链重组、全员持股、融资渠道创新等方式，但无论采取何种途径，均应因企制宜，选择适合自身发展需要的路径。还有学者❷提出，混合所有制改革的关键是建立科学公平的资产定价或对价机制，以及资本混合后建立有效的公司治理机制，并重点推进垄断行业的国有企业改革，同时抓好国有企业职工身份转变工作。他认为，主业处于充分竞争行业和领域的商业类国有企业的混合所有制改革亟须做好加强对混合所有制企业的监管、建立有中国特色的现代国有企业制度、对职业经理人实行契约化管理、国有企业要以“混”促“改”等四方面工作。

综上所述，当前研究国有企业混合所有制改革的文献较多，大多集中在理论探讨和宏观层面发表观点，试图通过政策解读和科学把握混合所有制内涵，为国有企业混合所有制改革提供依据和设计路径。但基于中观和微观层面具有可操作性的研究成果较少。这也应成为我们今后研究的方向。

三、研究内容及研究方法

（一）研究内容

本书分为七个部分(见图 1-3)，主要内容如下：

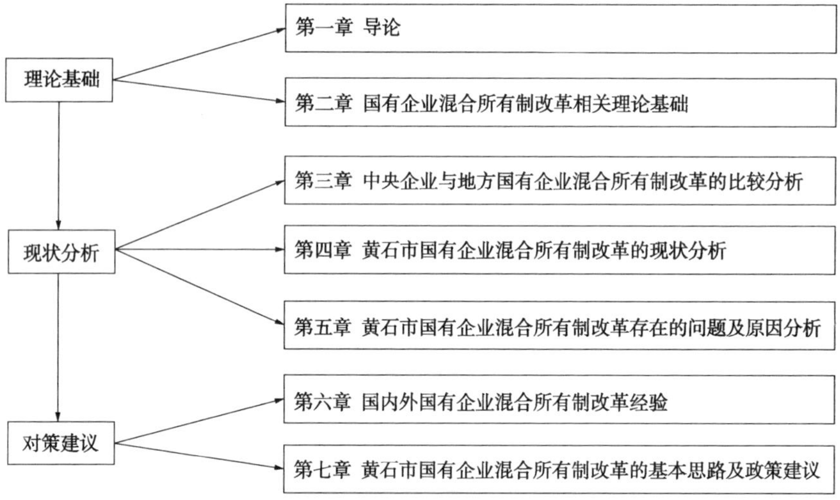

图 1-3 主要内容框架图

❶吴爱存：国有企业混合所有制改革的路径选择，《当代经济管理》，2014 年第 10 期，第 38—39 页。

❷程承坪：国企混改亟须做好四方面工作，《经济参考报(国企周刊)》，2019 年 5 月 6 日第 007 版。

第一、二部分为理论基础。第一部分为导论。在此部分中介绍了本书研究背景及意义，研究的目的，国内外研究现状，研究的重点难点及本文采用的研究方法。第二部分为国有企业混合所有制改革相关理论基础。在此部分中重点介绍了国有企业混合所有制改革相关概念，分析了与国有企业混合所有制改革相关的产权理论、制度变迁理论、委托代理理论、区域经济理论和公司治理理论等基本理论，为下一步研究提供了理论基础。

第三、四、五部分为现状分析。其中第三部分为中央企业与地方国有企业混合所有制改革的比较分析，对中央企业与地方国有企业的功能与作用、规模与效益进行了比较分析，同时对中央企业与地方国有企业混合所有制改革的异同进行了比较分析，认为中央企业与地方国有企业的混合所有制改革在目的、路径、监管方式存在相同点，在改革力度、改革试点的扩展程度、政策执行力度方面存在差异。第四部分为黄石市国有企业混合所有制改革的现状分析。此部分重点论述了黄石市国有企业改革基本情况、黄石市国有企业混合所有制改革发展历程，重点分析了黄石市国有企业混合所有制改革现状。第五部分为黄石市国有企业混合所有制改革存在的问题及原因分析。此部分重点分析了黄石市国有企业混合所有制改革的现状及存在的问题，为下一步推进国有企业混合所有制改革夯实了基础。

第六、七部分为解决问题的方式、措施及政策建议。第六部分为国内外国有企业混合所有制改革经验，重点分析了英国、新西兰、法国、美国、新加坡等国外发达国家的混合所有制改革经验，上海、江西、山东等地国有企业混合所有制改革实践以及中国联通、金隅集团、湖北某商贸国有控股集团、广州无线电集团等中央企业和地方国有企业的混合所有制改革实践，在此基础上得出应因地制宜、因企施策、明确改革的模式与路径，考虑好改革方案的细节及相关配套政策。第七部分为黄石市国有企业混合所有制改革的基本思路及政策建议。此部分明确提出了黄石市国有企业混合所有制改革的基本原则、思路，针对改革中存在的问题提出了建议意见。

（二）研究方法

本书研究过程中，采用了多种研究方法，具体包括文献研究和历史分析法、理论分析和经验分析法、定性分析和定量分析法，归纳和演绎法等。

（1）运用文献研究和历史分析相结合的方法，通过查阅文献，弄清国有企业混合所有制改革相关理论及概念，澄清相关是非，如国有企业混合所有制改革并非国退民进，也非民退国进，而是国有资本与民营资本的相互融合、相互促进、共同发展。通过对国有企业混合所有制改革发展的历程进行历史考察，推导出国有企业混合所有制改革是顺应历史发展趋势的必然要求。

（2）运用理论分析和经验分析相结合的方法，通过理论分析和经验分析密切配合，详细分析了黄石市国有企业改革基本情况、黄石市国有企业混合所有制改革发展历程以及黄石市国有企业混合所有制改革的现状，尽量做到言之有据、言之有物。

（3）运用定性分析和定量分析相结合的方法，以定性分析为目的，以定量分析为手段，并辅之以相关统计数据和图表分析，通过对中央企业与地方企业的定义与内涵、功能与作用、规模与效益进行比较分析，从而得出应大力推进地方国有企业混合所有制改革的结论。

（4）运用归纳和演绎相结合的方法，通过研究国内外国有企业混合所有制改革的经验，从而提出推进黄石市国有企业混合所有制改革的思路与政策建议。

四、创新与需要进一步研究的问题

（一）主要创新点

本书的创新点主要包括以下方面：

（1）研究视角的创新。本书运用理论分析现状并解决问题的逻辑，比较分析了中央企业和地方国有企业混合所有制改革异同，深入研究了黄石市国有企业混合所有制改革现状及存在的问题，分析了国外国有企业混合所有制改革的模式与路径、上海等省市及中央企业和地方国有企业的混合所有制改革实践，明确了黄石市国有企业混合所有制改革的基本原则及思路，针对改革中存在的问题提出了对策建议。本文通过对黄石市这一地级市国有企业混合所有制改革的分析研究，提出改革中存在问题的对策建议，这对推进我国地方国有企业混合所有制改革有一定的借鉴价值。

（2）比较分析了中央企业和地方国有企业混合所有制改革的异同。对中央企业与地方国有企业的概念及内涵、功能与作用、规模与效益进行了比较分析，重点对中央企业与地方国有企业混合所有制改革的异同进行了比较分析，认为中央企业与地方国有企业的混合所有制改革在目的、路径、监管方式存在相同之处，在改革力度、改革试点的扩展程度、政策执行力度方面存在差异，指出地方国有企业混合所有制改革应采取因企制宜、一企一策、分类实施的改革方式，不能搞“一刀切”，同时明确改革的模式与路径，考虑好改革方案的细节及相关配套政策。

（3）对黄石市国有企业混合所有制改革存在的问题及原因进行了全面分析，并针对性地提出了对策建议。通过分析认为，黄石市国有企业混合所有制改革存在政企不分问题、公与私的思想顾虑问题、公与私的有效融合问题以及法人治理结构问题等，究其原因，主要包括缺乏明晰的政策指引、产权交易市场不完善、国有资产管理依然不规范、国企与非国企的发展历程差异以及国有企业分类不清等方面。针对问题提出了相应的解决措施及建议。黄石市国有企业混合所有制改革的基本原则是：坚持基本经济制度，坚持做强做优做大国有企业，坚持市场运作，坚持增量优先，坚持积极稳妥推进，坚持依法合规操作。其核心思路为：因企制宜，分层分类改革；采取多种途径，积极吸引各类资本参与；健全治理机制，完善企业法人治理结构；坚持试点先行，依法合规操作。其对策为：落实顶层设计，为混合所有制改革提供政策指引；完善市场环境，为混合所有制改革铺平道路；坚持分类实施，推动国有企业混合所有制改革；健全产权交易市场，推动产权公平交易；更新思想观念，提高社会认可度；充分借鉴国内外经验，优化公司治理结构；加强国有资产监管，防止国有资产流失。

（二）需要进一步研究的问题

本书研究过程中尽管做了一些工作，但仍存在一些不足，需要在下一步学习和研究中切实加以解决。

例如，未能对不同国家和省份进行深入横向比较研究。因不同国家和省份的可比数据较少，虽然在前期查找资料和文献中付出了大量的时间和努力，但仍未获得比较完整的经济数据，未能开展混合所有制改革的相关比较分析，得出的结论可能不全面。未来若能获得相关数据，进行不同国家和省份间的横向比较，这必将十分有价值。

有些问题尚需从理论上进行研究。例如，地方国有经济是否需要控制力，地方国有企业混合所有制改革中国有股应控制在什么范围、体现在哪个度比较合适等问题，都需要从理论上进行论证。

第二章

国有企业混合所有制改革相关理论基础

党的十九大报告明确指出“深化国有企业改革，发展混合所有制经济，培育具有全球竞争力的世界一流企业”。党的二十大报告更是提出要“持续深化国资国企改革”，“加快建设世界一流企业”。党的十八届三中全会提出积极发展混合所有制经济后，国有企业混合所有制改革从中央到地方、从理论到实践、从政策到执行等方面都受到了社会各界的广泛关注。那么，什么是混合所有制，国有企业要不要实施混合所有制改革、如何实施改革等理论问题，是大家十分关心的问题，也是本文着重解决的问题。因此，有必要对混合所有制及混合所有制改革相关概念进行界定与梳理，这对我们科学分析国有企业混合所有制很有必要。

第一节　国有企业混合所有制改革相关概念

一、国有企业

国有企业是指国家(各级政府含政府部门)拥有或实际控制的企业。国有企业作为一种生产经营性组织，同时具有营利性(国有资产保值增值)和公益性(实现国家调节经济的目的)两方面特点。按照国有资产管理权限可将国有企业分为中央企业和地方企业。在我国，国家对企业国有资产实施分级管理，国务院或委托国务院国资委监督管理的企业统称为中央企业，各级地方政府或各级地方政府国资监管机构监管的企业，统称为地方国有企业。

(一) 国有企业的功能

国有企业是国有经济的主要载体、国家的脊梁、国民经济的重要支柱、共产党执政的根基。中国是一个经济转型发展的国家，这就决定了其国有经济既要有“弥补市场失灵的功能”，又要有“实现经济赶超功能”，还要有“培育市场主体功能”。

一般市场经济条件下，国有经济具有多方面的功能与作用。一是推动经济社会发展。国有经济多进入私人资本不愿投资的部门，如战略投资、交通运输、新能源开发等基础性领域，这夯实了国家产业结构和生产力区域布局的基础，为私人企业发展提供了条件和开辟了道路。二是推行公共政策的载体。政府通过国有企业的经济活动贯彻其公共政策意图，如平抑经济周期、弥补私人投资不足、缓解社会就业压力等。三是弥补市场失灵的重要工具。正因市场的价格机制在某些条件下会出现失灵，从而导致资源无法优化配置。市场经济国家普遍面临着市场失灵问题，某些领域如自然垄断、公共产品等就很难使社会资源配置达到帕累托最优状态，会出现市场失灵，这就需要国家干预市场经济，优化资源配置。国家或政府兴办国有企业实现其干预市场、弥补市场失灵的目的[1]。这也正是世界各国保留国有经济的重要原因。

社会主义市场经济条件下，国有经济的特殊功能在于：一是主导控制国民经济的作用。这是由我国社会主义基本制度决定的。二是维护经济健康稳定的作用。因经济波动客观存在，国家需用国有经济来干预经济，维护经济稳定。在国民经济局部领域发生危机时，国有企业进场托盘，危机过后择时退出，是经济健康发展的稳定力量和中坚力量。三是具有宏观调控的作用。政府除了调控和管制宏观经济外，还借助国有企业来全面调控经济，如进入某些新兴产业，退出某些成熟行业，最终实现优结构、转方式的目标。国有企业不仅能遵守国家调控政策的纪律，还能成为帮助政府将调控政策落实到位的重要杠杆力量。四是调整收入分配格局的作用。这便是国有经济调节国民收入分配格局的特有功能。国有企业在国家财力上扮演着“准政府”角色，是政府财力来源的重要力量。不仅上缴一定的利润，还需替政府承担一部分开支压力。如某些投融资平台类国有企业会帮地方政府完成一些任务，但地方政府有时并未付足资金，主要靠国有企业用自身的效益来冲抵。五是推动技术进步、产业升级和经济增长的作用。如中央企业是所处行业的“领头羊”，自然应该在推动技术进步、产业升级和促进国民经济增长方面发挥积极主导作用。六是维护社会稳定的功能。国有经济多处基础性行业，与其他经济关联度大，若处于紧急状态，只有放弃其资本收益，提供基础服务，才能保证社会稳定。故国有企业是促进社会公平的一股重要力量。只要公有制经济在我国经济中占主体地位，就可避免两极分化[2]。

（二）国有企业的分类

国有企业作为国有经济的微观主体，其功能定位是由国家的职能和利益决定的。新时期，我国国有企业的功能无外乎两点：一是政策性功能。也就是其作为

[1]黄群慧等：新时期全面深化国有经济改革研究，第6—7页，北京：中国社会科学出版社，2015。

[2]黄奇帆：关于国有企业发展和运行的五个问题，载红歌会网站，https://www.szhgh.com/article/opinion/xuezhe/2023-10-26/339045.html。

政府实行特殊公共目标的一种资源和政府宏观调控的工具。二是收益性功能。其作为国有资本参与市场竞争，获取财务回报，为国家提供利税。这两种功能是截然不同的，前者以社会效益为目标，后者以经济效益为目标。一个企业不应该同时具备这两种功能，所以国有企业也应明确划分为两类。第一类应是数量很少，但具有一定规模和实力，承担着维护国民经济运行环境和维护国家安全与利益的重任，也就是我们通常说的公益类企业和功能类企业。第二类涵盖国有企业的绝大多数，它们是市场经济的主体之一，也就是我们通常所说的商业类即竞争类企业。[1] 这与国务院国资委等部门发布的《关于国有企业功能界定与分类的指导意见》对国有企业的分类相类似，将国有企业界定为商业类和公益类(见图 2-1)。其中，商业类企业又可进一步划分为两类：第一类是主业处于充分竞争行业和领域的企业，也就是人们通常说的竞争性企业，如工业、建筑、贸易等领域的企业，这类企业追求营利性经营目标，经济效益优先，遵循优胜劣汰原则；第二类是主业处于重要行业和关键领域，或处于自然垄断、专营业务、重大专项任务的企业，如管道燃气、铁路运输、水利基础设施建设等领域的企业。商业类企业按市场化要求实行商业化运作；公益类企业以社会效益为导向，是以保障民生、提供公共产品和服务为主要目标的企业，如公共交通、公共设施等领域的企业。商业类国有企业实行股份制改革，而公益类国有企业则一般采取国有独资形式。

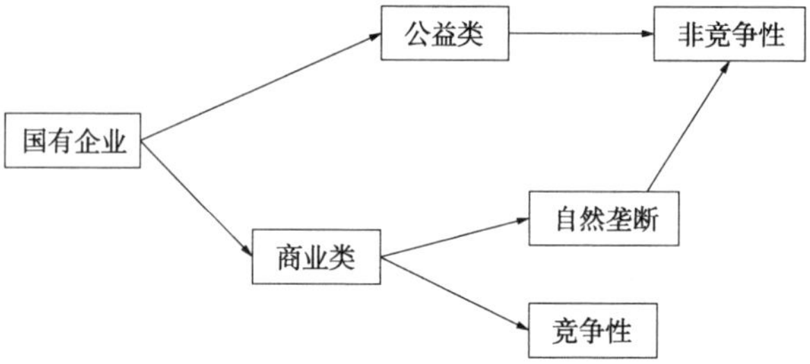

图 2-1　国有企业两种分类标准的比较

一般来说，公益性是通过政府提供的公共服务来表现的，主要有纯公共服务、可分的准公共服务、不可分性的准公共服务和具有自然垄断性的公共服务等。通常所说的公益类国有企业主要是指后两类，即不可分性的准公共服务和具有自然垄断性的公共服务。对于不可分性的准公共服务，如公路、电力、通信、桥梁等，其生产具有不可分性的物品通常有规模效益巨大，且初始阶段投入资本量大，所需经营资本相对较少等特点，这类服务或物品必须收费。对于具有自然垄断属性的公用事业，如供水、供电、供气等，政府对这类性质的投资主体和运

[1] 汪海粟、张少华、韩刚：多元混合——国企改革必由之路，第 5 页，武汉：武汉大学出版社，1999。

营主体的作用是进行合理的价格管制，使其价格定在能够弥补平均总费用的水平上，允许企业获得正常和相对稳定的利润，政府加强监督，保证服务质量❶。

二、中央企业

中央企业是指由中央政府监督管理的国有企业，即国务院及其授权管理部门行使出资人职责，领导班子由中央直接管理或委托中央组织部、国务院国资委或其他中央部委管理的国有独资或国有控股企业。广义的中央企业有三类：第一类是由国务院国资委监管的企业。截至 2022 年 12 月底，国务院国资委履行出资人职责的企业有 98 家❷。第二类是财政部监管的金融行业企业，如国有四大保险公司和国有五大银行及国开行、农发行等银行。第三类是由国务院直管或中央、国务院其他部门管理的企业，如中国烟草、邮政等国有企业及广播、文化等行业的国有企业。狭义的中央企业指国务院国资委监管的中央企业，本书如不做特殊说明，一般指狭义的中央企业。

三、地方国有企业

地方国有企业的概念是相对于中央企业而言的，是指由地方政府履行出资人职责的企业。这里的地方政府包括省、自治区、直辖市人民政府和设区的市、自治州级人民政府以及县、自治县、不设区的市，其监管的企业分别为省属、市属、县属国有企业，这类企业统称为地方国有企业。广义的地方国有企业不仅包括地方国资监管机构监管的企业，还包括地方金融企业以及地方政府部门及群团组织管理的企业，本书若不做特别说明，一般地方国有企业是指地方国资监管机构监管的企业。

四、混合所有制

所谓混合所有制，通常是指两种或两种以上的基本所有制形式的联合或结合的混合形式。而“基本所有制”，也称原生所有制形式，如国家所有制、集体所有制、私人所有制、外国资本家所有制等形式。由此可见，混合所有制是所有制的一种存在形式或实现形式，并非一种独立的所有制类型。有经济学者认为，混合所有制不是独立的经济范畴，而是对不同所有制经济成分相互混合的描述❸。

---

❶国家发展改革委体改司：国企混改面对面——发展混合所有制经济政策解读，第 34—35 页，北京：人民出版社，2015。

❷2003 年国务院国资委成立之初，其管理的央企数量为 196 家，经重组、调整，目前央企数量为 98 家。

❸张彤玉等：混合所有制理论、实践与政策，第 6—7 页，北京：经济科学出版社，2016。

所有制决定一定经济关系的性质，资本主义私有制、社会主义公有制是不同类型的所有制，它们决定的经济利益关系特征十分明确。通常而言，混合所有制是公有制与私有制的结合形式，具体包括全民所有制经济与私营经济、外资经济的混合等多种形式。

从混合所有制内涵来看，可分为广义混合所有制和狭义混合所有制。前者是一种资产整合形式，是社会所有制结构中多种所有制并存的一种经济形式。后者是一种企业组合形式，是不同所有制成分的联合，即企业内各所有制主体之间生产要素共同占有、利润按生产要素投资额共同分享的一种企业组合形式。❶

从资产组合方式上看，混合所有制经济也有不同类别。包括国有经济与私营经济(含外资经济)的联合、集体经济与私营经济(包括外资经济)的联合、国有经济与集体经济和私营经济的联合、国有经济或集体经济内部因职工持股或社会持股所组成的混合所有制经济。此外，还包括劳动者参与企业剩余价值分配所得的逐步积累成为企业资本要素等。从产权主体和所有制来看，可将混合所有制经济分为公有制经济为主体、控股、参股的混合所有制经济，也可分为民营经济为主体、民营经济控股、民营经济参股的混合所有制经济。公有制经济控股又可分为国有经济控股、集体经济控股两种形式。而控股又有绝对控股和相对控股之分。混合所有制是一种多种不同所有制经济的联合，各种经济成分的所有制性质在经济联合体中并未改变。混合所有制经济不是新生的所有制形式，只是社会既定所有制之间的联合。也就是说，混合所发生的反应是一种物理反应，而不是一种化学反应，并不会形成新的物品，即新的所有制形式。因此，将混合所有制当成一种独立的新型的所有制形式，使之与社会既定所有制形式并列是不妥当的。

由此可见，混合所有制并非独立的所有制形式，故其混合形式才有多样性。从基本经济制度角度看，混合所有制的性质取决于各种经济成分在混合所有制经济中的比例。其属性取决于公有制与非公有制经济成分的结构、特定的经济和政治环境、特定的政策和法规，最终取决于基本经济制度的性质。西方发达国家的混合所有制性质是资本主义私有制经济，而我国坚持社会主义公有制的主体地位，则是由基本经济制度性质决定的。

第二节　国有企业混合所有制改革相关理论

中国国有企业改革的任务，宏观上要实现国有经济布局的战略性调整，微观上要建立现代企业制度，建设世界一流企业。国有企业改革的进程和成效，很大

---

❶姜涛、吴刚：混合所有制经济理论与实践，第 3 页，北京：社会科学文献出版社，2015。

程度上是由改革的思路来决定的。[1] 国有企业改革是一个从微观层面搞活具体企业的改革转向宏观层面实现国有经济功能的制度变迁的过程。改革的动力在于在资源稀缺的约束下，着眼于持续追求增进效率从而完善基本制度。国有企业混合所有制改革亦是如此。国有企业混合所有制改革涉及的理论主要包括产权、股份制、制度变迁、委托代理、区域经济发展等。

一、产权理论与国有企业混合所有制改革

产权问题是市场经济的核心问题。市场实现资源最优化配置的根本前提是明晰产权。从国有企业改革的历程可以看出，我国的国有企业改革从放权让利到利改税、承包制、建立现代企业制度，都只停留在管理体制改革上，没有触动产权，而这种浮于表面不触及国有企业根本症结的改革措施是治标不治本的。目前我国正处于经济体制转型期，需不断完善产权关系及制度，推动国有企业产权改革。产权的改革对于各国国有企业改革具有至关重要的意义，也引发各界学者对产权理论的讨论。

产权理论是现代经济学中极为重要、使用频率极高的一个理论，它包括西方产权理论和马克思主义产权理论。由于意识形态、研究视角的不同，得出的结论亦截然相反。西方产权理论是由英国经济学家罗纳德·科斯(Roland H. Coase)开创，阿曼·阿尔钦(A. Alchian)、哈罗德·德姆塞茨(H. Demsetz)和道格拉斯·诺斯(Douglass C. North)等人发展而形成的，它在科斯理论的启发下，从理性利己的角度出发，运用交易成本的概念，深入分析了公有产权和私有产权制度下人们不同的行为特征，并据此作出了一个一般性结论：公有产权非效率论和私有产权效率论。而马克思主义产权理论摒弃了微观上的效率视角，从宏观上的上层建筑角度彻底否定了私有制，肯定了公有制。显然，西方产权理论是为私有制辩护，而马克思主义产权理论是为公有制辩白。但是无论是公有还是私有抑或是混合所有的产权制度都并非包治百病的灵丹妙药[2]。

（一）公有产权论

马克思主义产权理论认为，公有产权与现代生产力发展本质是一致的。列宁提出“消灭资本家的私有财产并把它转交给全国劳动人民，按照总的计划进行有利于社会全体成员的生产”。马克思和列宁之所以如此断言，是因社会化大生产的发展要求微观企业能自我协调投资与消费比例，为供需总平衡奠定基础；同时

[1] 王侃、程国平、程斌武、黄忠初：湖北国企改革模式与创新研究，第3页，北京：经济管理出版社，2011。

[2] 王侃、程国平、程斌武、黄忠初：湖北国企改革模式与创新研究，第7页，北京：经济管理出版社，2011。

要求在宏观上能有效调节，因宏观比例并非微观比例的简单加总。而这些要求只有公有财产制度才能满足。反观私有制，因生产资料私有制和社会分工这两个条件的存在，客观上决定着商品生产者的劳动必然具有私人劳动和社会劳动的双重属性，因而积累与消费的对抗性矛盾则是其必然产物，财产的私人占有与社会化大生产所要求的自觉协调各经济主体利益也存在根本性冲突。私有企业各自为政的利益追求只有当宏观调控政策调节有利于众多私有企业利益时才会被接受，宏观调控才能有效。否则，宏观调控的力度和作用十分有限，甚至无力。

（二）私有产权论

现代产权理论是新制度经济学框架之下的理论分支。新制度经济学是在对新古典经济学的反思和批判中发展起来的。因私有制主导地位在西方的确立时日已久，故西方学者关注的重点是私有产权的效率问题，其代表性的理论为：科斯的社会成本和产权理论，阿尔钦的产权性质和分类理论，德姆塞茨的所有制和产权理论等。

科斯认为，无产权的初始界定，就无产权转让和重组的市场交易。为了进行市场交易，有必要发现交易意愿、交易的方式和途径，并用谈判缔结契约，督促严格执行契约条款。同时提出了关于交易费用、产权界定和资源配置效率三者之间内在联系的“科斯定理”，即科斯三定理。科斯第一定理：若市场交易费用为零，社会资源会由零成本市场交易实现资源最优配置。科斯指出交易费用包括三方面内容：发现价格费用、谈判与签订契约的成本及合约执行的成本。但现实中，不存在科斯定理所设定的零成本交易市场。科斯第二定理：即若交易费用非零，则权利的最初分配对效率有重要影响。科斯第三定理：因不同产权制度的交易成本和效率不同，故人们有制定优质产权制度的热情。

（三）超产权理论

针对产权理论的不足，泰腾郎（Tittenburn，1996）[1]、马丁和帕克（Martin、Parker，1997）[2]等学者，提出了以竞争理论为基础的超产权论（Beyond Property-Right Argument）。他们认为，与私有化产权论相比，超产权论更具理论的内在逻辑性与实证解释的说服力，并进一步丰富了产权论的基本观点。

超产权理论认为，利润激励与经营者努力投入不一定有正向关系，利润激励发挥刺激经营者增加努力与投入的前提是市场竞争。该理论认为，竞争能产生隐含激励，这种激励是非合同式的。该理论有助于治理机制从产权理论中分离。

---

[1] Tittenbrun Jaek：Private Versus Public Enterprises[M]. London：Janus Publishing Company，1996.

[2] Martin Stepher，David. Parker：The impact of Privatization-ownership and Corporate in the UK Rontledge，1997.

(四) 产权明晰与国有企业混合所有制改革

(1) 国内国有企业产权改革的主要观点。国内国有企业改革研究主要分为三个阵营：一是市场建设派强调市场建设的重要性；二是产权改革派强调产权改革的重要性；三是其他管理改进派，强调改善管理体制，提高管理效率。此外，还有“冰棍融化论”“靓女先嫁论”“保姆变主人论”“民营化论”“产权多元化论”以及“国企改革停止论”，等等。这些观点表明，国有企业改革的关键环节不是改变所有制，而是实行政企分开，两权分离，使企业成为市场经济的主体。

(2) 国有企业改革中遇到的产权问题。一是将放权让利误读为政府放任不管。该观点认为，国有企业只要有了自主经营权，加入市场，便可提高效率。而实际上，我国国有企业因先天存在产权不清晰、其盈利无法与政府完全分开等问题，在未提升能力和调整架构下，猛然入市，只会增加交易费用，产生不经济行为。二是未区分清法人财产和所有者财产概念，导致产生了国有企业不会破产的错误观点。

(3) 产权明晰可使交易费用减少。明晰产权能降低制定与实施中直接成本及参与交易者为遵守该产权制度而造成的资源耗费这两部分交易费用。

(4) 产权模糊导致国有资产流失。国有企业产权模糊问题既有先天性，又有后天主观性原因。先天性原因在于政企不分；后天性原因在于因政企不分导致出现行政任命式的多级委托代理，致使代理成本过高。

(5) 仅关注产权对企业绩效的影响是远远不够的。超产权理论发现了产权理论的局限性并完善了该理论，提醒政府和企业除关注产权对企业绩效的影响之外，还需关注其他影响企业绩效的因素。对国有企业而言，在混合所有制改革中，要明晰产权、理顺政企关系、保证国有资产不流失的同时，也要关注企业内部治理结构的调整与完善，建设现代企业制度，完善激励约束机制，提高员工积极性，提高自主创新能力和市场竞争力，提升企业绩效。对私营企业而言，在参与改革中享受优惠政策、优化资源配置时，要着力规范企业、找准定位，同时强化监督机制，形成内外监督的有效模式。产权制度并非万金油，产权明晰是必要条件并非充要条件，故使用产权理论时还需参考超产权理论，根据企业类型不同，提出分类指导建议，不搞制度执行“一刀切”。

二、制度变迁理论与国有企业混合所有制改革

传统经济理论有三大基石即天赋要素、技术和偏好。新制度经济学将制度看作“第四块基石”，制度变迁理论是其重要组成部分，其代表人物为道格拉斯·诺斯。

(一)制度变迁的定义

制度变迁是制度的替代、转换与交易过程;制度变迁有技术和社会的约束条件[1]。制度变迁可理解为效益高的制度替代效益低的制度的过程,即制度的交易过程。制度交易的约束条件是制度的边际交易成本,该成本是制度主体在制度变迁中从事制度交易所付出的成本。制度稳定性、环境变动性和不确定性以及人们追求利益最大化三者之间持久的冲突是制度变迁的原因。制度的稳定性是制度变迁的原因,也是制度存在的理由。人们需要制度提供稳定的功能,而又常被其稳定性所困扰。因制度在沿时间和空间展开中,会因环境和条件的变化而失去原有的许多功能,原适宜的制度就会变成过时的制度。因制度无法自行变更,需要人们采取行动,改变或打破旧的稳定性,建立新的稳定性。若环境不发生改变,人们一旦建立起来的有效制度则不会发生改变,制度变迁就不会发生;然而世界是运动、发展、变化的,随着时间的变化,环境自然会发生改变,人们只有适时调整和改变已有的制度才能实现自身利益最大化。对于非正式制度,只要制度成本大于收益,个人就有动力违反已有的规则,并逐步导致制度变迁;对于正式制度,在国家这一制度专业化供给者出现后,制度就出现了新的供给方式,但并不违背个人利益最大化原则。

1. 制度变迁的主体

因制度变迁存在时滞问题,故制度变迁是一个渐进过程,需要相当长时间。在制度变迁过程中形成了两类行为主体即初级和次级行动团体,均为制度变迁的主体。前者是制度变迁的创新、策划和推动者;后者是制度变迁的实施者。新制度经济学认为制度变迁的主体是政府,因政府不存在"搭便车",具备实施制度创新的动力。而个人和团体都有"搭便车"的可能性,从而挫伤其进行制度创新的动力。

2. 制度变迁的模式

新制度经济学认为,制度变迁有诱致性和强制性制度变迁两种模式。前者指在响应制度不均衡引致获利机会时一群(个)人产生的自发性变迁;后者指因政府法令产生的变迁,其主体是国家或政府,其优势在于它能利用自身的强制力和"暴力潜能"等优势降低制度变迁成本。现实的制度变迁是两者共同作用的结果,前者统一主体认知并确定变迁方向,后者通过国家或政府调整制度,颁布法令,推动制度变迁进程。

3. 制度变迁的过程

制度变迁的基本假设是存在潜在利润和经济人。制度主体(经济人)为获得

---

[1] 卢现祥:西方新制度经济学,第162页,北京:中国发展出版社,2004。

制度变迁中存在的潜在利润，会主动推进制度变迁，使社会资源配置达到帕累托最优。当制度变迁收益大于制度变迁成本时，可能发生制度变迁。制度变迁收益是指因制度变迁增加的总社会福利，含收入增加、分配公平、选择自由和环境改善等。制度变迁的成本包括制度发现、实施、摩擦、利益调整等四类成本之和。只有预期收益大于预期成本时，制度变迁才可能发生。制度变迁过程：发现变迁潜在利润→提出变革方案→团体推进变迁→完成制度变迁。

4. 制度变迁的路径

国家对产权的设置和重新安排是制度变迁的路径之一。国家对产权的重新安排是为了降低交易费用。国家主导下的意识形态变化是制度变迁的另一路径，常被忽略。意识形态的变化在制度变迁中发挥重要作用。在制度变迁过程中，可能存在两种或两种以上的独立意识形态，可能阻碍或推进意识形态变革，国家或维护意识形态稳定或推动其变革，从而推动国家对制度的部署和变迁。

制度并不是单个作用的，个人处于一系列相互作用的制度规则的约束之中。制度的相互作用不仅体现在它们的相互补充即制度之间的互动(或共时性的制度关联)，也体现为前后制度之间的继承与影响的动态关联，即制度变迁的路径依赖(或制度变迁的历时性关联)。在制度变迁过程中，互动制度的滞后会影响制度的实施和变迁过程，而制度变迁的路径依赖效应也决定着该制度的变迁方向。故研究国有企业混合所有制改革时，考察国有企业改革制度变迁方式和路径依赖是必不可少的。

(二) 制度变迁与国有企业混合所有制改革

我国国有企业混合所有制改革是符合制度变迁基本理论的相对价格变化和意识形态改革。非公有制经济作为国有企业混合所有制改革中重要的参与者，在政府推行改革开放和国企改革政策前，非公有制经济的产生和成长十分有限；政府推行改革开放和国有企业改革后，非公有制经济才出现蓬勃发展。符合制度变迁理论中政府是推动制度变迁的有效组织。故政府应成为统领全局、推动制度变迁的主导力量。

在政府主导制度变迁改革中，制度变迁的形成会逐步强化主体意识形态，推动制度变迁继续深化。故国有企业混合所有制改革中，须统一思想，强化意识形态的正面影响，从而推动国有企业混合所有制改革进程。

我国国有企业混合所有制改革是诱致性和强制性制度变迁共同推动的结果。诱致性制度变迁统一主体认知并确定变迁方向，强制性制度变迁通过国家或政府对现有制度进行调整，颁布法令，推动改革进行。在随后的磨合期，两种模式不断调整，逐渐融合，共同作用，促使新制度的形成。因两者动因相同，对改革问题会统一反应。但两者主体和原则不同，故在国有企业混合所有制改革中，应根据不同情形，选择不同模式，尽量发挥各模式的长处，通过诱致性提高认知统一并确定变迁方向，提升变迁主体的经济理性；通过政府强制性政策提高变迁效率，降低变迁成本，从而达到减小改革摩擦、提高企业绩效的目的。

三、委托代理理论与国有企业混合所有制改革

委托代理理论(Principal-agent Theory)是指某行为主体按契约雇佣其他行为主体为其服务，赋予其他行为主体一定的决策权利，并按服务质量和数量付酬。这里某行为主体是授权者即委托人，其他行为主体是被授权者即代理人。20世纪30年代美国经济学家伯利和米恩斯提出“委托代理理论”，倡导两权分离，所有者保留剩余索取权，让渡经营权。20世纪60年代末70年代初随着企业内部信息不对称和激励问题深入研究，委托代理理论迅速发展。该理论的创始人包括：威尔森(Wilson，1969)、斯宾塞和泽克海森(Spence & Zeckhavser，1971)、莫里斯(Mirrlees，1974)、霍姆斯特姆(Holmstrom，1979)、格里斯曼和哈特(Grosan & Hart，1983)等。

(一) 委托代理理论的内涵

委托代理理论是随着信息经济学的产生、发展而发展起来的，其实质是一种契约理论，其基本内容是委托人授权代理人完成某项任务，两者签订协议，并在协议中规定双方的权利和义务。因委托人与代理人的效用函数不同，必然导致两者的利益冲突。在信息不对称和没有有效制度安排下，代理人可能在外部环境发生改变时，做出损害委托人利益的行为即逆向选择和道德风险。故该理论的中心任务是研究委托人如何设计在信息不对称和利益相冲突的条件下的最优契约来激励代理人。其核心问题是研究委托代理收益的最大化和委托代理成本的最小化。委托代理成本主要包括代理人的选聘费用、报酬、在职消费，经理失职造成的损失、隐形寻租、对代理人的监控成本等。❶

委托代理理论认为，面对委托代理关系中的“道德风险”，委托人必须设计出一套有效的监督和激励机制，这便是公司的治理结构。其目的是通过严格界定和规范出资者与经营者的权力和责任，来约束经理行为，使之为投资者的利益努力工作，以便降低代理成本、提高代理效率。

从各国实际情况来看，出资者对经理行为的监控，主要包括产权约束和市场约束。所谓产权约束是指出资者通过设计委托契约来明确经营者的责权利，并给予其最佳的行为激励约束，使其行为目标接近委托人的要求。所谓市场约束是指通过充分竞争的市场机制来弥补信息“不对称性”所造成的代理效率的损失。市

---

❶罗建钢：委托代理：国有资产管理体制创新，第26—29页，北京：中国财政经济出版社，2004。

场约束包括产品市场约束、资本市场约束、经理市场约束。

构建激励约束机制时需注意如下事项：一是信息分布的不对称性与代理人行为信息的显露。最优激励约束机制设计的关键环节是获得代理人行为信息，为此须制定一个让代理人公开自身信息的博弈规则。在此博弈中，委托人不断修改规则，直到代理人接受契约并取得其最大化期望效用。委托人可通过对利润指标的度量、利用股票市场度量、直接行为的度量等渠道了解代理人行为的信息。二是设计最优化激励约束机制的条件。最基本的约束通常有两种，即刺激一次性约束和个人理性约束(或参与约束)。三是最优报酬计划与对被代理人行为的激励。针对代理人对货币收入的追求，委托人通过确定最优报酬计划来实现对代理人的激励和约束。由于经理还追求非货币物品，而非货币物品与货币物品之间存在替代关系，所以委托人可通过调整货币支付来约束经理为追求非货币物品而牺牲企业利润的行为。调整货币支付的形式有延期支付的奖金、分成、购股票、赠股等，通常根据公司过去3—6年的平均收益确定。

(二) 委托代理理论与国有企业混合所有制改革

因委托代理关系在社会中普遍存在，如国有企业中，国家与国有企业经理、国有企业经理与国有企业员工、国有企业所有者与国有企业经理、国有企业债权人与国有企业都是委托代理关系，故委托代理理论常被用于解决各种问题。

尽管我国已步入市场经济，但由于计划经济体制的惯性，我国国有企业的代理链具有浓厚的行政色彩，其代理主体、对象、方法、设计都是以行政隶属关系和行政手段进行的，其结果必然是行政干预过多。[1] 加上代理链条长，环节过多，责任主体不明确，国有企业的经营者很大部分仍由政府任命、行政部门授权，故其经营业绩并非决定其报酬与地位升迁的考核指标，造成经营者行为导向失常。国有企业的委托人是非人格化的经济主体，也不拥有剩余索取权，因而缺乏有效控制代理人行为的积极性。故有必要重构代理模式，缩短代理链条，减少代理环节，减少行政干预，如当前在国有企业集团内广泛进行的压缩层级，就是在减少委托代理层级，减少代理成本。国有企业实施混合所有制改革从委托代理理论角度来看，就是为了重构代理模式，如国有独资转化为国有控股或国有参股企业，其企业的委托主体已由单元化变成了多元化，由有权无责变成权责统一，建立激励约束机制，强化出资人(委托人)对经营管理者(代理人)的监督力度。

四、区域经济理论与国有企业混合所有制改革

企业的发展与区域经济发展之间具有十分密切的关系。区域经济发展是区域

---

[1] 曾磊光、李光玉等：遏制流失：构建国企监管新体制，第112—136页，武汉：武汉大学出版社，1999。

内企业变化的综合体现。

（一）区域经济及区域经济理论的定义

区域经济是指在一定区域内经济发展的内外因素相互作用而产生的生产综合体。区域经济理论是研究生产资源在一定区域（空间）优化配置和组合从而获得最大产出的学说。因生产资源是有限的，区域经济理论便是研究优化组合区域内有限资源以获得最大产出的理论。

（二）主要区域经济理论

因不同理论主张对区域内资源配置的重点、方式和布局不同，形成了不同的理论派别。区域经济理论主要包括平衡发展理论、区域分工贸易理论、梯度转移理论和增长极理论等。

1. 平衡发展理论

理论基础为哈罗德-多马新古典经济增长模型。其代表理论有罗森斯坦-罗丹的大推进理论和纳克斯的平衡发展理论。外部经济效果是推进理论的核心。平衡发展理论主张在各产业、地区间均衡部署生产力，实现产业和区域经济的协调发展。其出发点在于缩小地区发展差距，促进产业协调发展。但一般区域都无平衡发展条件，即使发达区域，也因所处区位及拥有的资源、技术等条件不同，其产业投资效率也不一样，故其投资需优先保证优势产业发展。

2. 区域分工贸易理论

其早期理论有绝对利益理论（其代表为亚当·斯密）、比较利益理论（其代表为大卫·李嘉图）、生产要素禀赋理论（其代表为赫克歇尔与奥林）等。生产要素禀赋理论补充了亚当·斯密和李嘉图的地域分工理论。生产要素禀赋理论认为，国际或区域分工产生的基本原因是各个国家和地区的生产要素禀赋不同。生产要素禀赋则是区域内各生产要素的丰裕度。丰裕度高的生产要素具有禀赋优势，禀赋优势是产业发展具有比较优势的基础。利用比较优势发展产业是区域经济发展的重要内容，因而引出了产业选择问题和产业布局问题。

3. 梯度转移理论

该理论起源于工业生产生命周期阶段理论，其代表为弗农。它认为，区域产业结构状况决定区域经济发展。而区域经济部门特别是主导产业的发展阶段决定区域产业结构状况。若主导产业处于创新阶段，则该区域有发展潜力，为高梯度区域。该理论认为，区域发展梯度层次的决定性因素是创新活动，而创新活动大都在高梯度地区。梯度转移理论主张，优先发展发达地区，然后通过向较发达地区和欠发达地区转移产业和要素来带动整个经济发展。主导产业发展阶段决定了区域产业结构的优劣。若区域主导产业处于创新或发展阶段，则该区域是高梯度区域；反之则是低梯度区域。受产业发展要素变化的影响，有些产业从高梯度地区向低梯度地区推移，从而促进落后区域的经济发展。❶

4. 增长极理论

该理论的最早提出者是弗朗索瓦·佩鲁。汉森在此基础上系统研究和总结了该理论。该理论认为，区域经济发展是靠有优势的少数地区和产业带动的，应把优势地区与产业培育成增长极，通过增长极效应来带动周边地区和其他产业发展。增长极效应有极化和扩散效应两种：极化效应主要表现为资金、人才、技术等生产要素向极点聚集；扩散效应则主要表现为生产要素向外围转移。在发展的初级阶段，极化效应是主要的。增长极理论主张，政府集中投资推动多个条件好的区域或产业发展，进而带动周边或产业发展。增长极理论描述的是建立区域经济增长的中心，产生对区域经济发展的带动作用，辐射周边区域，从而推动整个区域的经济增长。如果说利用比较优势解决了区域经济发展的产业选择问题，那么利用增长极理论就解决了区域经济发展的空间选择问题。

(三) 区域经济理论与国有企业混合所有制改革

从上述区域经济理论可以看出，因区域内资源禀赋有限，必须把有限的资源投放到最能发挥区域优势的产业，即优先发展产业，而在产业的投放必须选准合适的空间和布局即地域，在产业发展中要抓好技术创新这一关键。区域经济理论在具体指导企业这一微观主体时，就是要求企业要选准主导产业(主业)、空间、布局，集中资源做好主业，抓好技术创新和产业培育工作。

1. 国有企业混合所有制改革为区域经济发展提供推动力

一是推动区域产业发展。国有企业混合所有制改革的目的是要发展壮大自身，无论是选择战略投资者还是财务投资者，首先考虑的应该是能弥补自身缺陷，让国有和民营相互融合、相互促进、相互发展，其表现出来的是混合制企业的发展，从而促进了区域产业的发展。二是促进了区域经济发展。做强做优做大国有企业本身就是区域经济发展的内容之一，只有国有企业发展壮大，才能夯实区域经济发展基础。在区域资源禀赋一定的条件下，区域内企业获取资源的途径有两条：其一是作为区域优势产业的代表，获取区域资源的支持；其二是借助改革特别是混合所有制改革，引进稀缺资源。无论是哪一条，对企业对区域而言，都是起着促进作用的。获取区域资源其实也就是区域资源的优化配置，能提高资源利用效率，推动区域经济发展；国有企业混合所有制改革就是要推动提高国有资本效率，优化布局，实现国有资产保值增值，推动区域经济发展。三是促进区域经济健康发展。实施国有企业混合所有制改革，促进国有经济发展，从而带动

---

❶孙久文、胡安俊：区域经济学学科前沿研究报告，第2—4页，北京：经济管理出版社，2013。

区域内其他非公有制企业发展，进而推动区域经济健康、稳定发展。

2. 区域经济理论为国有企业混合所有制改革深化创造条件

区域经济理论指导区域经济实践，具体反映在区域经济政策上。区域平衡理论指导区域要发展优势产业，具体到企业就是要选择好主业，只有主业与区域优势产业一样，才会获得区域资源支持；区域分工贸易和增长极理论指导区域选择好产业、产业选择好空间与布局，具体到企业就是要选择好进入与退出的产业，以及未来进入产业的布局与规划；而梯度转移理论指导企业要抓好技术创新，促进企业向主导产业发展。企业要发展，离不开政府的支持。国有企业混合所有制改革也离不开当地政府的政策支持，包括有效的社会保障体系支持、地方金融和地方政府财力的支持。因此，在国有企业混合所有制改革过程中，地方政府可以充分利用区域经济政策的灵活性和倾向性，对关键产业的改革成本进行补贴；利用优惠贷款、税收优惠等支持关键企业项目改造；完善社会保障体系，提供职业培训，为企业生产提供专业技术工人，也为企业未来提供了人才储备。

五、公司治理理论与国有企业混合所有制改革

经济学理论认为，现代企业制度是一套治理企业交易关系的机制。公司治理一直是学者们研究的热点话题，研究公司治理理论既有助于全面和深刻认识和理解现代企业制度，又有助于规范公司运作和发展。国有企业混合所有制改革有效地引入战略投资者，进行多元化的股权结构改革后，改制后的企业要实现良好的发展，都需建立科学规范的公司治理结构。因此，企业需要面对和解决的管理问题也同样非常重要，只有完成了大中型国有企业治理结构的高效化，企业才是真正成功地完成了改制任务[1]。

（一）公司治理的内涵[2]

公司治理概念目前理论界并未形成统一认识。有学者[3]认为，公司治理概念影响较大的观点有三类，即公司治理是一种制度安排、一种组织结构、一种决策机制。

公司治理有广义和狭义之分。狭义的公司治理指一种所有者（股东）对经营者的监督制衡机制，即所有者与经营者之间的权利与责任关系由制度来合理安排配置。广义的公司治理不仅包含股东对经营者的制衡，还包含股东、债权人等与公司有利害关系的利益相关者。在广义上，公司是一个利益共同体，公司治理机

---

[1]邱思胜、邓绍英、王侃：大中型国有企业混合所有制改革的理论与实践，第87页，武汉：湖北人民出版社，2006。

[2]唐建强：现代公司治理理论文献综述，《科技信息》，2009年11月，第435—436页。

[3]左志鹏：公司治理理论综述，《大众文艺（理论）》，2009年第8期，第12页。

制是利益相关者凭借一系列的内外部机制来实施共同治理，保证公司科学决策和公司各利益相关者的利益最大化。因此，完整意义上的公司治理必须包括内部和外部治理两方面内容。

从产权角度来看，公司治理是解决现代公司因控制权和所有权分离所导致的代理问题的各种机制的总称，它既包括公司治理的法律和政治途径、声誉市场及职业关注等外部控制系统，同时也包括激励合约设计、董事会、股权结构、高管薪酬、债务融资等内部控制系统，故公司治理可分为外部控制系统和内部控制系统。

（二）公司治理理论

1976年，詹森(Jensen)和麦克林(Meckling)将企业代理成本问题抽象至理论高度，为公司治理的诞生在逻辑上铺平了道路[1]。此后，公司治理围绕处理股东与经理人之间的关系、大股东与小股东的利益冲突、企业利益相关者协商等展开理论探讨，设计权力制衡的结构与机制，实现相互利益最大化的分析架构。

公司治理理论主要有交易费用、产权和委托代理三个基本理论。因产权和委托代理理论已在前面介绍，这里着重介绍交易费用理论。

1937年，罗纳德·科斯(Ronald H. Coase)首次提出“交易费用”思想，并将其引入经济分析，威廉姆森(Williamson)系统研究了交易费用理论。科斯指出，企业和市场是组织劳动分工的两种不同方式，企业产生的原因是企业组织劳动分工的费用低于市场。包括三层含义：企业和市场都是协调活动、配置资源的形式；市场交易过程中有很高的费用，该费用包括发现价格、获取信息、谈判、签订契约及履约等费用；因企业内部的一个契约可代替市场交易的一系列契约，且它靠“权威”来组织资源，故企业的交易成本低于市场，它们之间的差是企业存在的根本原因。

在科斯之后，威廉姆森等许多经济学家又进一步发展和完善了交易费用理论。威廉姆森将交易费用分为事前的和事后的交易费用。他认为，事前的交易费用是指交易未发生前的费用，具体包括交易各方为防止未来不确定性在事先明确各方的权利、责任和义务过程中所花费成本和代价，该成本和代价与交易各方的产权结构的明晰度有关。事后的交易费用是指交易发生后的成本，包括交易双方保持长期交易关系的成本、变更发现事先确定的交易事项有误的费用、取消交易协议的费用和机会损失等。威廉姆森分析了市场与企业间的转换关系的构成因素，主要有环境的不确定性、小数目条件、组织或人的机会主义以及信息不对称等。

---

[1] 杨松武：西方治理理论的“中国困境”解读，《地方财政研究》，2016年10月，第19页。

企业是一个不同利益相关者的关系契约。建立合约有交易费用。若利益相关者成为股东，则会降低市场交易费用而增加股东间的交易费用。企业股权结构的选择取决于企业股权成本和市场契约成本的总的交易费用。科斯认为，若市场交易费用为零，则产权(权力)安排不影响资源配置的效果；若存在交易费用，则产权(权力)安排不同资源配置效率也不同。

（三）公司治理理论与国有企业混合所有制改革

建立健全企业治理机制，是建立现代企业制度的核心内容，更是企业成为法人实体和市场主体的重要体制机制保障。我国国有企业虽经过了多年的公司化改造，基本按《中华人民共和国公司法》建立起了法人治理结构，但改造后的部分企业的法人治理结构仍穿新鞋走老路——形似而神不似。主要表现在：政企不分现象依然存在、政企边界不清、股权结构不合理、董事会职责不清、监事会机制不健全、经营者形成机制存在严重误差、信息披露制度不健全、“新三会”与“老三会”关系矛盾等体制机制弊端。针对上述弊端，必须建立健全混合所有制企业的治理机制，着重推进三个方面的改革创新❶。

1. 确立企业的市场主体地位

一是要摆正政企角色，推动政企分开、政资分开。国有企业实施混合所有制改革，通过引入非公有资本投资者实现产权多元化，借助混合资本优势，突破体制机制束缚，切断政府对国有企业的行政干预，推动政企分开、政资分开。政府作为国有股东与其他资本股东地位平等，按出资额大小及占有比例委派出资人代表，通过董事会发表意见，按规章制度行权履职。政府准确定位自身角色，理顺政企关系，切实简政放权，减少行政干预，一律取消市场机制能有效调节的经济活动的审批，让市场优胜劣汰，让企业自负盈亏。二是要理顺股东与企业的关系，避免干预日常经营。股东尤其是国有股东不得以各种方式、理由、借口干预企业日常运营。三是理顺董事会和经理层的关系，确立董事会核心地位。董事会是企业的决策机构，负责确定企业的发展方针、目标、纲领和投资决策等；经理层是企业的执行领导机构，负责执行董事会决策，并对企业日常工作进行组织、管理和协调。经理层在董事会的领导下，通过各种技术手段，把企业目标转化为具体行动。

2. 健全法人治理结构

完善企业法人治理结构，重在推进公司权力机关(股东会)、决策和执行机关(董事会和经理层)、监督机关(监事会)形成权责明确、相互制约、协调运转

---

❶国家发展改革委体改司：国企混改面对面——发展混合所有制经济政策解读，第114—134页，北京：人民出版社，2015。

的体制机制。一是要明晰产权，实现同股同权。在混合所有制企业运营中，必须注重保护股东包括中小股东的利益。不管出资主体姓资姓社，都应做到同股同权，同类股份享有同样的权利，按占股多少拥有对应的权利。混合所有制企业要发展，必须破除国有企业的股权固化。二是要健全组织，完善体制机制。企业法人治理结构不仅要保护法人所有权的完整无损，还要保证经营控制权合理、有效运用。完善法人治理结构要妥善处理因两权分离而产生的委托代理关系，即股东与董事会、董事会与经理层之间的关系。董事不同于经理，不是为获取工资而受雇用，而是以得到股东和社会信任为责任和荣誉，故健全董事会制度是完善混合所有制企业法人治理结构的核心内容。三是理顺“新老三会”关系，增强运行合力。深化国有企业改革并不是要以“新三会”(即股东会、董事会和监事会)取代“老三会”(即党委会、职代会和工会)，而是要对“新老三会”进行系统的规范调整，从而更好地发挥企业治理结构中各组织的积极作用。“新三会”要利用“老三会”的社会影响力和在职工中的公信力，善于发挥“老三会”的作用；“老三会”要调整自己的定位，不越位。切实加强党对国有企业的全面领导，从组织上、制度上、机制上确保国有企业党组织的领导地位，充分发挥企业党委(党组)把方向、管大局、保落实的领导作用。把加强党的领导和完善公司治理统一起来，把党的领导融入公司治理各环节。

3. 推行职业经理人制度

从现代企业治理角度看，委托代理理论是职业经理人产生的基础。经营层是受托完成经营管理目标的高级管理人员，其身份是被聘任的市场化人才，以其经营管理能力为企业创造价值、获得报酬。一般而言，推行职业经理人制度的企业要满足三个条件，缺一不可。一是主业处于充分竞争行业和领域；二是董事会拥有推行职业经理人制度的各项权利；三是管理基础好，拥有成熟的管理体系。推行职业经理人制度主要包括四个方面内容：一是要建立市场化职业经理人制度；二是要推行职业经理人任期制和契约化管理；三是要建立职业经理人激励机制；四是要建立职业经理人退出机制。

第三章

中央企业与地方国有企业混合所有制改革的比较分析

中央企业与地方国有企业都是国有企业，具有国有企业的一般特征；但因两者所处的行业、承担的责任、发挥的作用各不相同，故在混合所有制改革中，也会存在一些差异。

第一节　中央企业与地方国有企业的比较分析

按照国有资产管理权限可将国有企业划分为中央企业和地方国有企业。中央企业在关系国家安全和国民经济命脉的主要行业和关键领域占据支配地位，长期以来是我国国民经济的重要支柱。地方国有企业在服务地方经济发展、保障和改善民生、保护生态环境等方面发挥着主力军和排头兵作用。

一、中央企业与地方国有企业的功能与作用

（一）中央企业的功能及作用

中央企业不仅具有一般企业的功能与作用，还要承担国有经济功能所要求的特殊社会责任。[1] 中央企业除了应遵守一般企业应履行的功能和作用外，还具有提供公共产品和服务、提供基础性产品和引领科技创新、服务公众利益和执行政府公共政策、引领经济发展、维护经济稳定的作用。

中央企业的作用包括：一是控制国民经济命脉，维护经济社会安全。中央企业在保持国民经济平稳较快发展中发挥骨干作用，这是中央企业的首要特殊社会责任。二是保障国民经济健康发展。中央企业大多处于国民经济的上游部门和基础产业，因产业关联效应大，须承担保障经济社会健康发展功能。三是引领技术进步和产业升级。中央企业在技术、人才、创新等方面积累了较多优势，是我国引领技术进步和拉动产业升级的主导力量。四是调整收入分配格局，维护社会公

[1] 徐传谌、刘凌波：我国国有企业特殊社会责任研究，《经济管理》，2010 年第 10 期，第 163 页。

平。国有企业的出资人是政府，故理论上在自然垄断行业的“垄断”国有资本比私人资本更能维护社会的公平。国有企业以收益方式将因垄断产生的“超额利润”返还给政府，用于提高全民福祉。五是忠实履行国有经济功能。社会主义市场经济体制决定了国有经济功能，国家明确定位了国有企业主业，明确分工了国有资本所在的行业和领域，国有企业必须服从和服务于国有经济布局的整体要求，不能完全以利益最大化为导向开展业务。六是模范执行宏观调控政策。国有企业是国家宏观调控的微观抓手，政府可在一定程度上指导国有企业的经营，通过国有企业特别是中央企业在市场经济中的带动、示范和引导作用，推动宏观调控政策的实施。七是维护经济社会稳定。中央企业多分布在关系社会稳定的关键行业和基础性部门，在自然灾害等特殊时期，须牺牲甚至放弃企业利益来维护公共利益和社会稳定。八是成为具有世界影响的大公司、大集团，引领中国经济发展。中央企业作为国之利器，与其他类型企业相比，在资金、技术、人才、市场等方面具有优势，在其成为真正的市场主体后，必须成为世界性的大公司、大集团，引领中国经济发展。

由此可见，要建设中国特色社会主义，坚持和完善基本经济制度，巩固和发展公有制经济，须充分发挥国有经济的主导作用和中央企业的骨干作用。

（二）地方国有企业的功能与作用

地方国有企业作为国有企业的重要组成部分，不仅扮演着国家国有经济产业布局设置的重要角色，还肩负着促进地方经济发展、引领区域产业快速发展的重要任务。总体上看，地方国有企业的功能与作用主要体现在三个方面[1]：

一是承担区域公共服务功能，推进区域公共性事业的发展，为区域经济发展提供保障。地方国有企业对供水、供气、文化产业、医疗卫生及环保等公共性、公益性产业进行重点布局，通过带动相关企业的发展，促进区域公共性、公益性产业的发展，为区域经济发展提供基础。

二是承担城市发展和基础设施项目的建设开发功能以及土地、资金等要素供给功能。这便是地方投融资公司特别是“城投公司”的重要功能所在。这类投融资公司的功能包括负责多渠道筹集城市基础设施建设资金、对城市规划地区划拨土地进行前期开发与运营管理、进行公共投资和城市基础设施项目建设。

三是承担培育支柱产业，促进地方经济发展的功能。依据地方资源禀赋以及区域经济发展特色的优势产业及重点产业，是地方国有资本应该重点布局的产业。以电子信息、生物技术与新医药、新材料、光机电一体化等为重点的高新技术产业，应用前景广阔、对国民经济发展具有较大影响的产业，很大程度上仍需

[1] 黄群慧：地方国资国企改革的进展、问题与方向，《中州学刊》，2015 年第 5 期，第 24—31 页。

通过国家扶持相关行业中有影响的大型国有企业来大力发展。地方国有企业在这些领域应该成为行业的龙头，引领高新技术产业的发展。

与中央企业相比，地方国有企业具有如下特点：一是分布更广。省级国有企业主要分布在能源资源、原材料运输设备和装备、交通航运等行业，市级国有企业主要分布在“三供”、公共交通和公共设施等行业和领域。二是分布不均衡。目前，地方国有企业主要是省属企业和一部分地市所属企业，县一级的国有企业数量已经很少，主要是市政建设、基础设施、产业园建设等领域的平台类公司。由于区域发展水平、地方财力情况差距大，各地区国有企业发展水平差距很大。但总体来看，地方国有企业整体规模相对较小，大多数处于竞争性领域，经营机制比较灵活，整体上更加适合开展混合所有制改革。三是政策干预大。相对于中央企业而言，地方国有企业服务地方经济社会发展的功能十分直接，地方政府控制地方国有企业也更强，有的地方政府直接干预企业运营，甚至直接成为地方国有上市公司的股东。

综上所述，无论是中央企业还是地方国有企业都属国有企业，均具有企业的基本特征，即国有企业是依法设立的，从事生产经营活动的经济组织，依法履行权利和义务。但国有企业也是一种特殊企业，其特殊性主要表现在：它不以营利为唯一目的；其行为由政府的意志和利益决定，故其同时具有营利法人和公益法人的特点。其公益性体现为调和国民经济各个方面发展；其营利性体现为追求国有资产保值增值。

二、中央企业与地方国有企业的规模及效益比较

（一）中央企业与地方国有企业的规模比较

地方国有企业与中央企业相比，从2006年至2016年的情况来看，总体户数较多，但户均资产规模较小。由表3-1可见，在企业数量上，中央企业的户数少于地方国有企业的户数，2013年之前，两者的差距在逐步缩小，由2006年的相差7.5万户下降到2012年的相差5.1万户；但从2013年开始，两者的差距又在逐渐加大，由2013年的相差5.2万户逐渐增加到2016年的相差5.9万户。2006年地方国有企业的户数是中央企业的约4.6倍，到2016年地方国有企业的户数是中央企业的约2倍。中央企业的数量一直呈现上升趋势；而地方国有企业的数量则先降后升，在2009年达到谷底，为8.6万户。此后，地方国有企业的户数逐步增加，由2010年的8.7万户增加到了2016年的11.6万户，6年增加了2.9万户。在企业资产规模上，无论是中央企业还是地方国有企业，其资产规模都是逐年发展壮大的，中央企业的资产总额由2006年的14.3万亿元增长到2016年的70.6万亿元，增长了3.9倍；地方国有企业的资产总额由2006年的14.8万亿

元增长到2016年的84.3万亿元，增长4.7倍。中央企业的资产总额与地方国有企业相比，2012年之前两者的量基本相当，中央企业略大一些，两者差距最大年份(2008年)相差约2.6万亿元；从2012年开始，地方国有企业资产总额大于中央企业的资产总额，两者之间的差距逐步拉开，且越拉越大，由2012年的2.7万亿元，拉大到2016年的13.7万亿元。在户均资产上，中央企业的户均资产规模大于地方国有企业的户均资产规模，但两者的差距有逐渐缩小的迹象，由最大差距的2008年的4.5倍逐渐缩小至2016年的1.7倍。2022年，中央企业的资产规模达到109.4万亿元，比2016年增长了54.96%；地方国有企业资产总额为230.1万亿元，比2016年增长了172.95%。由此可见，地方国有企业资产规模增长更快，2022年地方国有企业资产总额已是中央企业资产总额的2.10倍。

表3-1　中央企业和地方国有企业资产规模比较

单位：万户、亿元

年份	中央企业			地方国有企业		
	企业户数	资产总额	户均资产	企业户数	资产总额	户均资产
2006	2.1	143295.7	6.8	9.6	147982.5	1.5
2007	2.2	188149.7	8.6	9.0	173908.4	1.9
2008	2.2	229604.0	10.4	8.8	203509.8	2.3
2009	2.5	279100.9	11.2	8.6	255143.0	3.0
2010	2.6	330314.9	12.7	8.7	309899.3	3.6
2011	4.1	384075.3	9.4	9.4	375006.5	4.0
2012	4.8	434119.2	9.0	9.9	460770.8	4.7
2013	5.2	485948.9	9.3	10.4	554998.5	5.3
2014	5.4	539776.0	10.0	10.6	644939.0	6.1
2015	5.6	647694.5	11.6	11.1	759137.0	6.8
2016	5.7	705913.7	12.4	11.6	843227.8	7.3

数据来源：中华人民共和国国家统计局：《中国财政统计年鉴》(2016、2017)，中国统计出版社。

(二) 中央企业与地方国有企业的国有资产规模比较

如表3-2所示，自2006年以来，中央企业和地方国有企业的国有资产规模均不断增大。从整体上看，地方国有企业的国有资产规模增长速度比中央企业快，中央企业的国有资产总额由2006年的5.57万亿元增加到2016年的15.65万亿元，增长1.81倍，年均增长10.9%；地方国有企业的国有资产总额由2006年的4.05万亿元增加到2016年的25.93万亿元，增长5.40倍，年均增长20.4%。从国有资产规模上看，2011年之前，中央企业的国有资产规模大于地方国有企业的国有资产规模，差距最大的年份为2007年，相差1.95万亿元；2011年之后，地方国有企业的国有资产总额大于中央企业的国有资产总额，且每年的差距越拉越大，由2011年的0.92万亿元扩大到2016年的10.28万亿元。2022年更是扩大到了51.1万亿元。2022年，中央企业的国有资本权益为21.8万亿元，而地方国有企业的国有资本权益为72.9万亿元，两者之比为0.3∶1，也就是说中央企业的国有资本权益仅是地方国有企业的30%。从户均国有资产上看，中央企业的户均国有资产呈现出波浪式发展，有增有减，2006—2008年是增长的，2009年下降，2010年又上升，2011—2013年处于下降趋势，2014—2016年呈现上升趋势；地方国有企业的户均国有资产规模一直处于上升趋势，由2006年的每户0.4亿元上升到2016年的每户2.2亿元。

表3-2　中央企业与地方国有企业国有资产规模

单位：万户、亿元

年份	中央企业			地方国有企业		
	企业户数	国有资产总额	户均国有资产	企业户数	国有资产总额	户均国有资产
2006	2.1	55702.7	2.7	9.6	40467.9	0.4
2007	2.2	65872.7	3.0	9.0	46333.1	0.5
2008	2.2	73606.8	3.4	8.8	60758.7	0.7
2009	2.5	83200.8	3.3	8.6	74197.5	0.9
2010	2.6	93405.7	3.6	8.7	91958.9	1.1
2011	4.1	104067.0	2.5	9.4	113240.7	1.2
2012	4.8	114079.0	2.4	9.9	138461.3	1.4
2013	5.2	124011.8	2.4	10.4	169327.3	1.6
2014	5.4	142036.1	2.6	10.6	194911.7	1.8
2015	5.6	149475.5	2.7	11.1	228626.2	2.1
2016	5.7	156454.2	2.7	11.6	259299.5	2.2

数据来源：中华人民共和国国家统计局：《中国财政统计年鉴》（2016、2017），中国统计出版社。

（三）中央企业与地方国有企业的效益比较

中央企业与地方国有企业相比，2010年之前，中央企业的整体效益不如地方国有企业，但自2010年开始，中央企业的整体效益明显好于地方国有企业。如表3-3所示，自2003年以来，中央企业的净资产收益率与全国国有企业净资产收益率相比，是一个先低后高的过程，2010年之前，除2007年外，中央企业的净资产收益率均低于全国国有企业的净资产收益率，也就是说中央企业的净资产收益率低于地方国有企业的净资产收益率，但自2010年开始，除2011年持平外，其余年份中央企业的净资产收益率均高于全国国有企业的净资产收益率，也就是说自2010年开始，中央企业的效益明显好于地方国有企业、好于全国国有企业。

相对于中央企业，地方国有资本总体回报较低。根据财政部《2018 年 1—12 月全国国有及国有控股企业经济运行情况》[1]来看，虽然地方国有企业资产总额要多于中央企业，且多 18.07 万亿元，但 2018 年中央企业创造的利润总额为 2.04 万亿元，约为地方国有企业利润总额的 1.51 倍，这说明地方国有企业的收益水平和盈利能力不如中央企业。地方国有企业之所以盈利能力低下，主要原因在于地方大部分国有企业为政府公益类企业，主要承担城市基础设施建设等政府性投资项目建设任务和融资义务，缺乏经营性收入。

表 3-3　中央企业与全国国有企业净资产收益率比较

年份	净资产收益率/%	
	全国国有企业	中央企业
2003	6.7	4.9
2004	9.6	8.3
2005	11.0	9.9
2006	12.4	9.9
2007	12.1	12.3
2008	8.0	7.1
2009	7.9	7.6
2010	9.2	9.5
2011	9.0	9.0
2012	7.6	8.3
2013	6.9	7.6
2014	6.3	7.1
2015	5.2	6.1
2016	4.8	5.4

数据来源：中华人民共和国国家统计局：《中国财政统计年鉴》(2008、2011、2017)，中国统计出版社。

绝大多数地方国有企业还承担政策性的负担，地方政府对政策性负担的亏损给予财政补贴，导致企业预算软约束，降低了企业主动获取盈利的积极性。加上地方国有企业布局分散，资产规模偏小，很难形成规模效益。从社会贡献来看，中央企业的社会贡献要大于地方国有企业，如中央企业 2018 年应交税金为 3.24 万亿元，是地方国有企业应交税金的 2.36 倍。

[1] 2018 年 1—12 月全国国有及国有控股企业经济运行情况，http://zcgls.mof.gov.cn/zhengwuxinxi/qiyeyunxingdongtai/201901/t20190121_3126699.html。

（四）全国地方国有企业资产规模和效益比较

地方国有企业收益水平差异较大的原因在于，地方资源禀赋、产业分布、规模等存在差异，从全国31个省区市的情况来看，各省区市国有企业资产规模和效益有明显的差别（见表3-4）。从数量上看，国有企业数量最多的省份是国有企业数量最少的省份的20余倍。2009年，国有企业数量最多的上海（9640户）是国有企业数量最少的宁夏（407户）的23.7倍；2015年，国有企业数量最多的广东（9667户）是国有企业数量最少的西藏（456户）的21.2倍。从国有企业资产规模来看，规模最大的省份是规模最小的省份的50多倍，个别年份甚至更大。如2014年，江苏省国有企业资产总额（64677.9亿元）是西藏自治区国有企业资产总额（718.9亿元）的近90倍。各地国有企业的盈利能力、收益水平差异比较明显。2016年全国国有企业净资产利润率为4.8%，只有北京、上海、广东、西藏四地超过了全国水平，这四地国有企业净资产利润率分别为5.2%、6.3%、5.7%和5.0%，而吉林和山西的国有企业净资产利润率均为-0.3%。净利润为负数的省份有4个，其余2个是内蒙古和河南，其净资产利润率均为-0.1%。全国各地利润差异折射出的是各地国有资本在行业分布和资源禀赋等方面存在差异。

从国有企业的效益情况来看，净资产利润率高于全国国有企业平均水平的省份是少数，低于全国国有企业平均水平的是多数。2009年，全国国有企业净资产利润率为7.9%，高于全国水平的省份仅3个，分别为山西9.3%、山东11.0%、青海8.0%；2010年全国国有企业净资产利润率为9.2%，高于全国水平的省份仅4个，分别为山西11.6%、安徽10.7%、山东14.4%、陕西11.0%；2011年全国国有企业净资产利润率为9.0%，高于全国水平的省份仅7个，分别为山西11.6%、内蒙古10.1%、上海9.2%、安徽10.2%、山东12.4%、陕西11.0%、青海9.3%；2012年高于全国国有企业净资产利润率7.6%水平的省份仅1个，为贵州7.8%；2013年全国国有企业净资产利润率为6.9%，高于或持平全国水平的省份仅2个，分别为上海6.9%、广东7.7%；2014年全国国有企业净资产利润率为6.3%，地方国有企业均低于全国水平，最高的上海5.8%仍低于全国水平0.5个百分点；2015年全国国有企业净资产利润率为5.2%，高于或持平全国水平的省份仅4个，分别为北京5.2%、上海6.0%、广东6.4%、西藏7.3%；2016年全国国有企业净资产利润率为4.8%，高于或持平全国水平的省份仅4个，分别为北京5.2%、上海6.3%、广东5.7%、西藏5.0%。同一年度内，省份与省份之间相差也比较大，如2009年，效益最好的山东（净资产利润率为11%）比效益最差的西藏（净资产利润率为0.7%）高10.3个百分点；2016年，效益最好的上海（净资产利润率为6.3%）比效益最差的吉林或山西（净资产利润率为-0.3%）高6.6个百分点。

表 3-4　全国地方国有企业资产和效益情况表

单位：户、亿元

地区	2009 年			2010 年			2011 年			2012 年			2013 年		
	户数	资产总额	净资产利润率/%	户数	资产总额	净资产利润率/%	户数	资产总额	净资产利润率/%	户数	资产总额	净资产利润率/%	户数	资产总额	净资产利润率/%
北京	4867	17823. 5	4. 9	4904	21732. 6	5. 4	6099	26344. 0	5. 8	6555	30368. 0	5. 5	7040	35135. 2	5. 9
天津	3469	15221. 2	2. 4	3461	17971. 8	2. 5	3889	22068. 1	2. 3	4033	25997. 5	2. 1	4010	30933. 8	2. 0
河北	2705	7016. 6	4. 6	2690	9160. 8	6. 3	2515	9679. 8	6. 1	2256	10376. 6	3. 0	2501	13564. 9	2. 6
山西	4081	9832. 3	9. 3	4230	11536. 8	11. 6	4463	14011. 1	11. 6	5121	17229. 0	5. 9	5168	19529. 3	3. 0
内蒙古	753	2983. 8	1. 2	728	3671. 4	7. 1	813	4402. 5	10. 1	874	6301. 5	3. 7	913	7486. 0	0. 6
辽宁	2799	7507. 4	2. 6	2724	8302. 4	6. 2	3019	9286. 3	6. 2	3144	10941. 6	3. 7	3305	12686. 9	3. 7
吉林	727	2129. 2	2. 1	816	2107. 7	5. 3	848	2306. 2	5. 3	823	3009. 8	4. 0	754	2867. 7	2. 8
黑龙江	2843	2571. 9	5. 4	2694	2856. 6	6. 1	2723	3331. 1	4. 4	2631	3790. 1	1. 2	2712	8592. 1	0. 0
上海	9640	28760. 6	6. 4	9576	34525. 2	7. 8	9422	36472. 4	9. 2	9052	38636. 9	6. 9	9437	44143. 9	6. 9
江苏	3355	17651. 0	5. 6	3621	22792. 7	5. 6	3862	26489. 6	5. 2	4698	43578. 4	4. 9	5033	53979. 3	4. 5
浙江	4545	15838. 9	5. 8	4867	18829. 1	6. 0	5445	22357. 1	6. 2	6287	26223. 0	4. 5	6725	31568. 0	4. 6
安徽	2331	9449. 7	7. 1	1996	11268. 5	10. 7	2641	14311. 9	10. 2	2738	17533. 7	6. 3	2843	21042. 0	5. 9
福建	3427	7823. 5	5. 7	3563	9848. 1	7. 9	4018	11580. 4	7. 5	4376	14322. 7	5. 4	4625	17703. 0	5. 2
江西	2049	3177. 1	7. 5	1868	4109. 5	8. 5	1947	4963. 8	8. 3	2015	7695. 3	4. 2	2082	10472. 6	3. 4
山东	4351	15420. 0	11. 0	4466	18043. 2	14. 4	5145	21654. 0	12. 4	5174	25964. 2	7. 1	5519	31755. 2	4. 8
河南	3525	7772. 0	6. 6	3575	92. 02. 4	7. 7	3824	10124. 2	5. 8	3842	12145. 3	2. 1	3764	13799. 0	2. 1

续表

地区	2009年			2010年			2011年			2012年			2013年		
	户数	资产总额	净资产利润率/%	户数	资产总额	净资产利润率/%	户数	资产总额	净资产利润率/%	户数	资产总额	净资产利润率/%	户数	资产总额	净资产利润率/%
湖北	1873	4962.9	5.8	1891	6070.5	6.4	2037	8553.5	5.2	2078	10299.1	4.3	2218	12515.9	3.7
湖南	1903	5051.8	6.2	1836	6058.9	6.4	1940	7808.7	6.8	2062	9683.3	3.9	2310	11290.7	4.2
广东	7173	20378.8	7.7	7661	23922.8	8.1	8381	28330.8	8.1	8355	31171.9	6.5	8787	36403.4	7.7
广西	3166	5112.4	4.5	3171	6509.8	6.6	3329	8697.9	5.3	3336	10947.7	2.7	746	13189.0	3.2
海南	692	1227.4	2.6	732	1730.9	3.6	773	1961.7	4.8	748	2364.3	1.9	3521	2770.6	1.5
重庆	2033	10837.2	3.7	2154	14094.8	3.2	2368	21793.1	3.3	2562	27622.8	3.6	2367	33286.8	2.9
四川	2862	10003.6	4.5	2982	12267.0	4.6	3204	14631.7	5.0	3412	18799.2	5.0	3662	21671.4	3.7
贵州	1929	4727.4	7.8	1970	5986.3	8.1	1995	7649.5	8.8	2235	10236.8	7.8	2764	13942.1	5.3
云南	2194	8125.0	1.2	2417	10446.2	3.4	2606	12819.4	3.4	2812	15342.5	1.9	3180	18350.8	1.6
西藏	451	334.2	0.7	380	195.7	4.1	383	284.5	6.0	366	294.2	4.7	3401	550.6	4.5
陕西	2900	7345.8	5.8	2973	9205.5	11.0	3134	12459.9	11.0	3251	15647.9	7.5	1602	18055.1	5.3
甘肃	1272	2792.4	4.2	1343	3354.1	6.1	1416	5590.4	6.6	1497	7087.9	3.7	539	8449.2	2.4
青海	499	1293.7	8.0	512	1529.0	8.8	545	1809.5	9.3	543	2789.2	4.4	391	3835.3	1.7
宁夏	407	509.6	2.0	410	736.8	1.2	416	807.0	2.5	452	892.8	0.3	411	973.1	3.8
新疆	1183	1462.2	3.0	1182	1831.9	4.0	1225	2426.4	3.9	1226	3477.8	4.0	1296	4455.9	3.6

续表

地区	2014 年			2015 年			2016 年		
	户数	资产总额	净资产利润率/%	户数	资产总额	净资产利润率/%	户数	资产总额	净资产利润率/%
北京	7541	41801. 9	4. 0	8053	47205. 5	5. 2	8856	55356. 7	5. 2
天津	4065	35088. 1	1. 6	4132	39761. 3	1. 8	4136	42110. 7	1. 2
河北	2404	13188. 0	0. 8	2352	16619. 1	1. 3	2403	17304. 2	2. 0
山西	5235	21554. 7	-1. 4	5237	23114. 0	-1. 6	5327	25729. 1	-0. 3
内蒙古	931	8236. 4	-0. 2	1077	11094. 2	-1. 8	1302	16356. 8	-0. 1
辽宁	3438	13918. 0	2. 4	3473	14737. 0	-1. 0	3410	18343. 0	1. 0
吉林	807	3818. 9	2. 5	822	4112. 8	0. 2	881	4211. 8	-0. 3
黑龙江	2723	8857. 9	-0. 7	2781	9362. 1	-0. 1	2927	10182. 9	0. 3
上海	9219	48240. 9	5. 8	9329	62522. 5	6. 0	9512	59899. 6	6. 3
江苏	5082	64677. 9	3. 3	5342	74704. 5	3. 5	5505	72724. 6	2. 6
浙江	6856	37048. 2	2. 8	7144	42479. 1	3. 0	7120	46509. 5	3. 2
安徽	2916	23955. 0	3. 5	3011	27675. 6	3. 9	3096	31852. 4	4. 7
福建	4848	20517. 3	3. 7	5183	24142. 5	3. 9	5699	28793. 9	3. 3
江西	2113	12056. 4	2. 8	2160	13752. 4	2. 8	2273	15856. 8	1. 7
山东	5830	35317. 2	3. 5	6217	40164. 2	4. 6	6621	49059. 4	4. 6
河南	3700	15411. 8	0. 0	3874	18300. 5	-1. 2	3911	20157. 6	-0. 1

续表

地区	2014年			2015年			2016年		
	户数	资产总额	净资产利润率/%	户数	资产总额	净资产利润率/%	户数	资产总额	净资产利润率/%
湖北	2384	16987.2	2.9	2633	20146.6	2.9	2775	23310.7	2.3
湖南	2282	12965.2	2.4	2347	14732.9	1.1	2453	16407.2	2.0
广东	9259	46302.3	5.0	9667	53043.4	6.4	10030	58142.8	5.7
广西	3571	16088.6	1.9	3710	19951.0	2.0	3960	24490.9	2.3
海南	589	2182.5	1.7	738	3306.1	0.1	860	4226.6	0.8
重庆	3019	39542.4	2.4	3301	46887.2	2.9	3544	41117.5	1.7
四川	3794	26516.5	2.1	4082	31661.2	2.5	4618	40795.2	3.1
贵州	2455	17795.4	3.4	2568	23327.2	4.5	2341	30191.4	3.5
云南	3253	20842.0	0.0	3525	24805.0	-0.2	3781	29718.6	0.9
西藏	397	718.9	4.4	456	1418.3	7.3	506	1459.6	5.0
陕西	3664	21270.8	3.0	3853	24891.9	2.3	3999	28481.7	2.4
甘肃	1558	8701.5	1.6	1682	11182.0	-3.4	1908	13398.8	0.6
青海	568	4270.0	1.3	592	5671.1	-0.2	619	5509.6	1.2
宁夏	488	1525.3	1.9	476	1638.8	-1.0	494	1913.6	0.9
新疆	1384	5542.3	1.1	1455	6727.0	1.1	1632	9614.6	3.1

数据来源：中华人民共和国国家统计局：《中国财政统计年鉴》(2011、2017)，中国统计出版社。

第二节　中央企业与地方国有企业混合所有制改革的相同点

与地方国有企业混合所有制改革相比，中央企业混合所有制改革的目的、改革途径、监管手段等方面均相同。

一、混合所有制改革的目的相同

国有企业改革的目的就是要实现公有制经济同现代市场经济的有机结合，实现国有企业与市场经济体制融合，让企业成为真正独立的市场主体。从所有制层次看，无论是中央企业还是地方国有企业实施混合所有制改革、发展混合所有制经济，都是为了巩固和发展社会主义基本经济制度。中国只有坚持公有制经济的主体地位，才能始终保持社会主义制度。从国家发展战略层次看，发展混合所有制目标应看作国家发展战略问题，不能局限于某种所有制本身，更不能视为某种所有制的局部利益问题。从此角度看，可把混合所有制目标概括为：壮大国有经济、发展民族经济、提升国际竞争力。[1] 从现实情况来看，政企分开这个最大的难点没有解决，因此企业便不能成为独立的市场主体。加上国有企业战线太长，缺乏市场竞争力，使国有资产在国民经济关键行业和重要领域起到的决定性作用减弱；两权集中难以监管，公司体制与市场机制严重脱节等，都需中央企业和地方国有企业在混合所有制改革中积极应对。

由此可见，中央企业与地方国有企业进行混合所有制改革的根本目的是加强而不是破坏中国特色社会主义的制度基础；壮大而不是削弱国有经济；提升而不是降低国家竞争力。

二、混合所有制改革的路径相同

无论是中央企业还是地方国有企业，其实现混合所有制改革能选择的路径大体相同，要么主动出击投资民营企业搞混合，要么被动引进战略投资者搞混合。即在实现形式上，不仅可吸引非公有资本参与国有资本搞混合，还可推动国有资本融入非公有资本搞混合。在吸引非公有资本时，可加大考虑社保基金、保险基金、产业基金等新兴形式的投资主体。按照发展主体不同，发展混合所有制经济可以有多种不同的路径，分为国有企业主导和非公有制企业主导的混合所有制经济。具体而言，国有企业可通过多种市场化方式引入社会资本、发展混合所有

---

[1] 张彤玉、崔学东、刘凤义、孙寿涛：混合所有制理论、实践与政策，第 38 页，北京：经济科学出版社，2016。

制，即改制、交易、上市及引进投资，通过股票市场实施改制，产权市场实施交易，上市实现资产证券化，投资基金吸引投资。

三、混合所有制改革的监管方式相同

无论中央企业还是地方国有企业，在推进国有企业混合所有制改革中，必须严格规范操作流程和审批程序，切实加强监督，坚决防止因监管不到位、改革不彻底导致的国有资产流失，切实守住保障国有资产安全和维护职工权益的重要底线。

（一）防止国有资产流失

保障国有资产安全是国有企业改革的前提和底线。每轮国有企业改革，公众最担心的就是国有资产流失。公众对流失有担心是基于国有企业改革的历史经验，改革过程中时有发生侵吞、挥霍国有资产现象。从过去的经验教训看，国有资产流失的行为主体既可以是国有资产出资人，也可以是国有资产管理者、经营者。过去我国国有资产监管手段比较单一，主要通过审查账目、查阅文件等形式履行监督职责。不少监管制度仅对违法违规情形进行了规定，并未规定具体追责的实体性和程序性，造成国有资产发生损失也无人担责。加上法人治理结构不健全，未充分发挥外部董事、外派监事会的作用，内设监事会形同虚设，无法形成有效的权力制衡。这些都容易造成国有资产流失。针对上述问题，切实防止“在一片改革声浪中把国有资产变成牟取暴利的机会”，就必须要在改革的同时抓好监管。推进国有企业混合所有制改革，关键是要明晰审核机制、严格审核程序，确保改革依法合规、稳妥推进。负责审核企业改革方案的政府及部门应成立重大改制重组和产权转让事项的专门审核委员会，建立分级审核机制。同时若混合所有制改革使企业从国有控股企业变更为非国有控股公司，还需开展企业法定代表人的离任审计，且不能以财务审计代替离任审计❶。

（二）维护职工合法权益

保护职工权益是国有企业混合所有制改革中另一条重要红线。在国有企业改革中，保护职工权益、妥善安置职工是企业改制退出中需要解决好的关键问题。要通过失业救济、失业金、下岗再就业、优惠帮扶等多种方式，解决好退出国有企业的职工再就业工作，维护社会稳定。在现行体制下，混合所有制改革通常会造成企业股权结构发生变化，可能涉及职工持股、身份转换等内容。因国有企业与民营企业在经营机制上存在许多差异，因此混合所有制改革过程中必须听取职工的意见，尊重和维护职工的参与权、表达权和知情权。

---

❶国家发展改革委体改司：国企混改面对面——发展混合所有制经济政策解读，第183—188页，北京：人民出版社，2015年。

（三）完善交易制度

国有企业混合所有制改革，无论是公与私混还是私与公合，都会涉及交易，涉及股权交易如企业改制重组涉及国有产（股）权或资产转让、增资扩股等。国有股权交易需制度先行。目前，我国出台了包括《公司法》《企业国有资产法》等相关法律法规及政策，保障产权交易的公开、公平、公正。交易制度完善有利于发现合理的国有资产价格，而合理的国有资产定价则是判断国有资产是否存在流失的关键。当市场在资源配置中发挥决定性作用时，只要是通过规范化程序和市场机制形成的交易价格，就应当被认为是在当时条件下合理的国有资产价格。当企业上市时，这个交易价格就是股权价格。随着宏观经济的波动，国有资产的价格也会出现波动，形成波峰与低谷，何时进行交易取决于企业主体自身的决策。因此，完善交易市场建设和价格形成机制，促进公开、透明、合规交易成为防止国有资产流失的根本途径❶。

（四）发挥中介机构作用

国有企业混合所有制改革时，需要由产权持有单位聘请具有资质的不同专业机构实施财务审计、资产评估，聘请法律机构出具法律意见书等。发挥审计、评估等第三方中介的作用可以有效避免具体环节中的“暗箱操作”，为混合各方提供科学合理、真实有效的评估结论。财务审计和资产评估是国有企业股份制改造的先决条件和重要环节，也是混合所有制改革中最核心的环节之一，最容易出现“猫腻”。财务审计和资产评估的结果直接影响资产价值和国有股权比例，从而影响国有资产在国有企业改制中的保值增值。当前，许多因资产评估和财务审计不当产生的如会计信息失真、独立审计失败、资产评估不实、大量国有资产被低估贱卖等问题在国有企业改制实践中被发现，使其成为众所瞩目的焦点问题和敏感问题❷。因此，既要用好中介机构，又要加强对中介机构的约束和监管。要求企业将评估结果按规定进行公示，并对评估结果进行核准或备案，对重大项目的评估，有关报告须经专家评审委员会审核。只有经过核准、备案或专家评审委员会审核，评估结果才能作为国有资本出资额或产权交易价格的依据。同时，还要加强对审计、评估机构的法律监督，聘请法律机构或国有企业法律顾问及法务部门出具法律意见书。当审计、评估等中介机构出现违法行为时，可以依法对其进行追诉。

---

❶国家发展改革委体改司：国企混改面对面——发展混合所有制经济政策解读，第181—183页，北京：人民出版社，2015。

❷张先治、蒋美华：国企改制中财务审计与资产评估研究（上）——问题与分析，《审计与经济研究》，2006年第6期，第3—8页。

（五）加强社会监督

加强和改进企业国有资产监督，必须着重抓好三个方面的监督。一是着力强化企业内部监督。包括完善内部监督机制、规范董事会运作、监督经理层行为，加强内设监事会建设，发挥企业党组织保证监督，利用职工民主监督等。二是切实加强企业外部监督。包括建立高效顺畅的外部监督协同机制、完善国资监管机构监督、健全审计监督体系、改进外派监事会监督、增强纪检监察和巡视的监督等。三是加强社会监督。推动国有资产和国有企业重大信息公开，重视各类媒体的监督，畅通社会公众监督渠道，加强各类社会中介机构如会计师事务所、审计事务所、律师事务所、资产评估公司、企业信用评价机构、社会调查机构和工程监理机构等的监督，发挥其第三方独立监督作用。

四、混合所有制企业的治理机制相同

推进国有企业混合所有制改革，建立健全企业治理机制，是企业真正成为法人实体和市场主体的重要体制机制保障。《关于国有企业发展混合所有制经济的意见》提出，要健全混合所有制企业治理机制，着重落实企业市场主体地位、健全企业法人治理结构、推进企业职业经理人制度三个方面的改革创新。

在确立和落实市场主体地位方面，着重抓好三个理顺。一是理顺政府与企业之间的关系。界定政府与企业的边界，其核心就是要切实转变政府职能，减少政府干预，切实简政放权，做到不错位、不越位、不缺位。二是理顺股东与企业之间的关系。在混合所有制企业内，无论是国有股东还是非国有股东，都必须严格遵守《公司法》和企业章程行使股东权利、履行股东义务，享有与其他股东同等的法律地位和股东权益。三是理顺决策层与执行层的关系。也就是理顺董事会与经理层之间的关系，确定董事会的核心地位。

在健全法人治理结构方面，一是要明晰产权，实现同股同权。二是要健全组织，完善机制。混合所有制企业以股东会、董事会、监事会、经理层为法人治理架构，以公司章程为核心，确定所有者、法人、经营者和职工之间的权利、责任和利益关系。三是要理顺“新老三会”关系，增强运行合力。国有企业实施混合所有制改革后，应注意理顺“新三会”与“老三会”之间的关系，完善公司法人治理机制。特别是要发挥好党委的领导核心作用，把方向、管大局、保落实，依照规定讨论和决定企业重大事项。

在推行职业经理人制度方面，一是建立市场化职业经理人制度。在混合所有制企业实行职业经理人制度，国有企业可通过市场化方式配置职业经理人，有利于推动培育职业经理人市场。同时有利于企业减少行政干预，避免人情任命。二是推行职业经理人任期制和契约化管理。应建立制度约束和相应的监督控制机制，用市场化的方式招聘企业经营者。培育成熟的职业经理人市场，建立符合混合所有制企业发展实际的职业经理人制度是完善企业法人治理结构的重要内容，是增强企业经营活力的能动因素。三是建立职业经理人激励机制。在混合所有制企业中，推行职业经理人制度，实行市场化选人用人机制，客观上需要市场化的薪酬制度，需要建立有效的激励约束机制，实行目标管理、岗位竞争、解聘威胁、构筑有效的信任机制等，要求把职业经理人的收益与企业的未来收益联系起来，实现职业经理人与企业的发展目标相容，进而形成制度化的长期有效激励机制。

第三节　中央企业与地方国有企业混合所有制改革的差别

中央企业与地方国有企业相比，因其功能和作用不一，其在混合所有制改革的方式和力度等方面也会各有不同。

一、混合所有制改革力度不一

近年来，各地混合所有制改革企业数量不断扩大，但中央企业的混合所有制改革的力度明显大于地方国有企业，中央企业的改革面也明显大于地方国有企业。超过 2/3 的中央企业引入了各类社会资本，超过 50%的国有资本集中在上市公司。据国务院国资委介绍，截至 2016 年末，68. 9%的中央企业及下属企业实施了混合所有制改革，混合所有制企业实收资本达 7. 6 万亿元(不含参股企业)；地方国有企业混合所有制改革的数量占整个地方国有企业数量的 47%[1]。截至目前，中央企业所属企业中的混合所有制企业户数占比超过 75%，非公有资本占中央企业所有者权益比重逾 38%，中央企业对外参股企业超过 6000 家，国有资本投资额超过 4000 亿元；地方国有企业混合所有制企业户数占比超 54%。[2]

二、改革试点由中央企业向地方国有企业扩展

本轮国有企业改革由 2014 年 7 月国资委宣布“四项改革”试点方案正式启动，通过制定《关于深化国有企业改革的指导意见》配套多份政策文件形成“1+N”国有企业改革框架体系，国有企业改革顶层设计方案基本完成后，2017 年多地政府将国有企业改革列入政府工作报告中，国有企业改革基本完成由理论到实践、由

[1] 张一鸣：国企混合所有制改革不设时间表，《中国经济时报》，2017 年 10 月 11 日。

[2] 央企所属企业混合所有制户数占比超 75%，载新浪财经，https://finance. sina. com. cn/roll/2022-07-18/doc-imizmscv2354957. shtml? cref=cj。

中央到地方的深化。在国有企业改革顶层设计方案中着重提倡混合所有制改革，通过中国医药集团和中国建材集团开展混合所有制改革探索便拉开了混合所有制改革序幕，“十项改革”正式开展混合所有制改革试点，其后三批混合所有制改革试点工作依次开展❶。从发改委 2018 年 4 月 18 日召开定时定主题新闻发布会情况来看，我国已组织开展三个批次 50 家试点企业改革，其中第一批和第二批共 19 家试点企业均为中央企业。从资产结构看，这 19 家企业引入 52 家外部投资者投入各类资本 3000 亿元，占总资产 9400 多亿元的比重为 31.91%。从企业层级看，这 19 家企业二级公司 10 家，三级公司 9 家。2017 年中央企业新增 700 多户混合所有制企业，引入社会资本超过 3386 亿元。这 19 家企业已有 8 家基本完成试点任务。2017 年底开展的第三批混合所有制改革试点工作，试点对象共 31 家，其中中央企业下属企业 10 家、地方国有企业 21 家。❷ 由此可见，第三批混合所有制改革试点突破了前两批限制，已由中央企业集团混合所有制改革开始转向中央企业下属企业及地方国有企业的混合所有制改革探索，由中央企业向地方国有企业拓展，标志着国有企业混合所有制改革进入深水期。据国务院国资委介绍，混合所有制改革将继续在拓展广度和深度上下功夫。“广度”就是进一步推进电力、石油、军工等七大重要领域混合所有制改革，推进有条件的中央企业集团层面股权多元化。而“深度”就是混合所有制企业不仅要引入资本，还要完善法人治理结构、转换和健全经营机制。

其实改革应坚持“先易后难、先试点再全面推开”的原则，地方国有企业相对而言规模较小，所处行业多属竞争性行业，易于实施混合所有制改革，故地方国有企业理应先行。国务院《关于国有企业发展混合所有制经济的意见》也明确规定“鼓励地方从实际出发推进混合所有制改革”。与中央企业相比，地方国有企业的产业结构又区别很大。地方商业类国有企业的主业多处于充分竞争行业和领域，其混合所有制改革宜积极引入其他国有资本或各类非国有资本实现股权多元化。因此政策文件要求地方国企改革的广度、力度应更大一些，应实施创新、探索、试错均在前，为中央企业的改革提供经验和借鉴。2018 年 3 月，国家开始实施国企改革“双百行动”，共有 404 家企业(其中有 95 家央企集团的 224 家子公司和来自全国各地的 180 家地方国企)。“双百行动”使得国有企业混合所有制改革由点向面全面铺开，试点进一步扩围并向纵深发展，更多地方国有企业加入试点行列。2019 年 5 月，国务院国有企业改革领导小组第二次会议审议通过了国有企业混合所有制改革第四批试点名单，共有试点企业 160 家，其中中央企业系统

---

❶张奇：改革浪潮下地方国企混改路径剖析，http://www.sohu.com/a/234279810_726670。

❷扎实组织开展国有企业混合所有制改革三批试点工作，http://finance.ifeng.com/a/20180419/16139415_0.shtml。

107 家、地方企业 53 家。第四批试点企业的资产总量约 2. 5 万亿元，其中中央企业资产规模约 1. 7 万亿元，地方企业资产规模约 0. 8 万亿元。共有 99 家企业的资产规模超 10 亿元，占第四批试点企业总数的 61. 8%。从行业领域看，第四批试点企业不局限于电力、石油、天然气、铁路、民航、军工等 7 个重要领域，既包括传统制造业领域的企业，也包含有互联网、软件及信息技术服务、新能源、新材料和节能环保等战略性新兴产业具有较强示范意义的企业，以及已实现股权层面混合、拟进一步在完善治理上深化改革的国有控股企业。由此可见，混合所有制改革试点企业已逐步推开，覆盖面越来越广阔，涉及的行业与企业的数量越来越多。

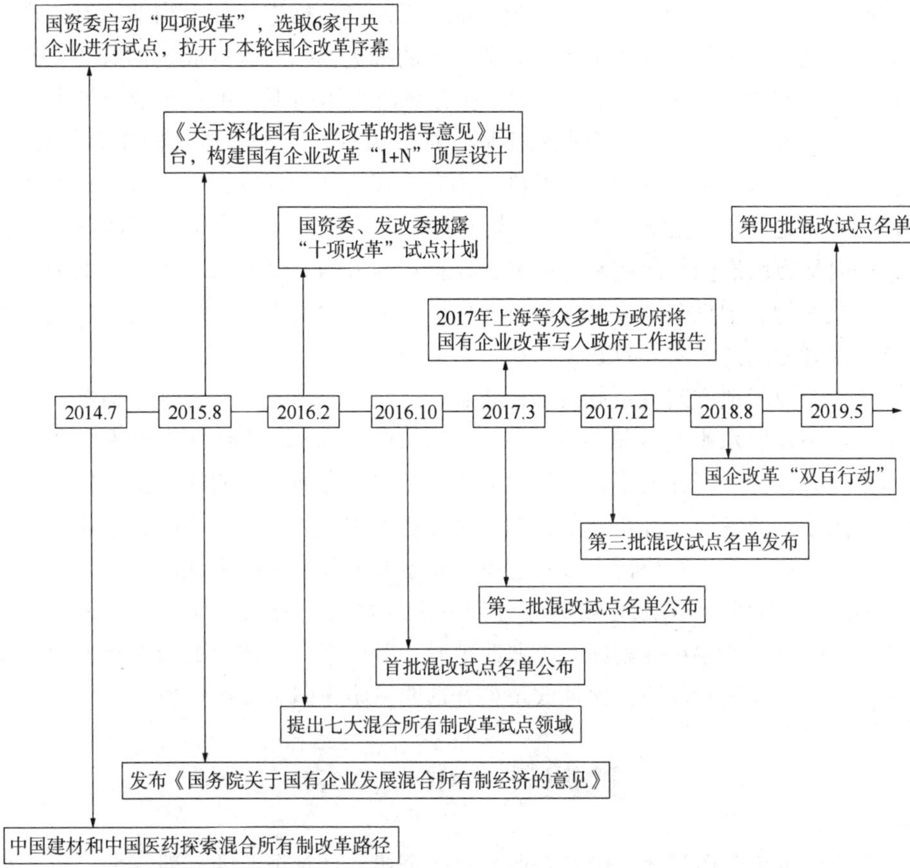

图 3-1 本轮国企改革与混改发展趋势

三、宏观政策与微观执行方面的差异

因中央企业和地方国有企业所处的行业和领域不同，其功能和作用也不一样，国家出台的很多政策是专门针对中央企业实际而制定的，具有宏观性，对地方国有企业有一定的指导作用，但不可能涵盖所有地方国有企业改革情形，解决所有地方国有企业改革中存在的问题，政策制定者也只能根据实际情况变化逐步完善政策，使之能指导实践。从这个意义上看，国家政策不一定能满足地方国有企业改革实际需求，政策往往具有滞后性。地方国有企业改革牵一发而动全身，在实施过程中，通常在国家宏观政策的指导下，需要地方政府制定具体的实施细则指导企业具体操作。但地方政府制定的实施细则需不同部门共同协作，不同部门往往因站的立场和角度不同，对相关政策的理解也会有区别，导致制定政策意见不一，很难形成统一意见，致使政策迟迟不能出台。具体操作政策不出台，地方国有企业混合所有制改革就无立足之地，无法有效推进。加上当前国有资产分级监管体制，一定程度制约了国有企业改革的推进，同时也构成了国有企业改革过程中中央与地方的矛盾焦点所在❶。在分级监管体制下，中央企业与地方国有企业在改革推进战略与力度上截然不同。地方国有企业则以微观操作为落脚点，中央企业以宏观战略为推动力。在推动国有企业改革过程中，中央因缺乏实践经验参考，制定的政策和改革步骤等缺乏明晰性，导致地方政府很难推进微观操作；同时地方政府受权限或利益限制，在推动地方国有企业改革中，不敢为、不作为或乱作为。中央明晰政策需地方经验作参考，而地方推动改革需中央政策作指导，两者之间的矛盾导致政策与执行上的阻力。

中央企业和地方国有企业所处行业和生存状态差异较大，各地因地域、资源禀赋、经济发展水平、政策等差异，一些地方国有企业需承担政府的指令性项目、企业办社会、厂办大集体、改制的职工安置等方面存在的非经济性任务和历史遗留问题，而各地、各企业承担的份额又各不相同，导致各地国有企业改革进程与中央企业相比也有快慢之分。这也客观上要求各地坚持因地制宜原则，不搞“齐步走、一刀切”，给地方留有充分的自由裁量权，鼓励各地积极探索，寻求改革的突破口。各地在探索国有企业改革时，既要坚持总体上的市场化方向，又要坚持改革的底线和红线，保证改革公开透明，防止国有资产流失。

第四节　小　　结

无论中央企业还是地方国有企业，都是企业，具有企业的一般特性，还具有国有经济功能所有要求的特殊社会责任。中央企业不仅具有一般企业的功能与作用，还具有提供公共产品和公共服务、提供基础性产品和引领科技创新、执行政

❶李欣：地方国企改革推进路径研究，《现代商业》，2015 年第 35 期，第 43-44 页。

府公共政策和服务公众利益、维护经济稳定、引领经济发展的作用。地方国有企业不仅扮演着国家国有经济产业布局设置的重要角色，还肩负着促进地方经济发展、引领区域产业快速发展的重要任务。

与中央企业主要集中于国民经济的关键行业、发挥重大战略功能不同，地方国有企业大多分布于竞争性行业，仅有少数是提供水、气、热等公共服务或服务于地方城市建设的平台类公司。具有三个方面趋势性特征：

一是地方国有企业功能主要定位于为地方提供公共民生服务、承担城市发展基础功能以及发展地方经济支柱产业三大领域。

二是作为地方投融资平台，国有投资公司在地方国资国企改革与发展中占有重要地位。

三是地方政府对地方国有企业干预程度要大于中央层面。

从中央企业与地方国有企业的规模及效益情况来看，地方国有企业总体户数较多，但户均资产规模较小。2010 年前，地方国有企业整体效益好于中央企业，但自 2010 年开始，地方国有企业的整体效益明显不如中央企业。从全国 31 个省区市的情况来看，各省区市国有企业资产规模和效益有明显的差别。从国有企业的效益情况来看，净资产利润率高于全国国有企业平均水平的省份是少数，低于全国国有企业平均水平的是多数。

地方国有企业与中央企业混合所有制改革的相同点主要体现在四个方面：

一是改革的目的相同，都是为了实现公有制经济同现代市场经济的有机结合，实现国有企业与市场经济体制融合，让企业成为独立的市场主体。二是改革的路径相同。都是通过改制、交易、上市及引进投资实现混合。三是监管方式相同。都是要通过严格规范操作流程和审批程序，切实加强监督，坚决防止因监管不到位、改革不彻底导致的国有资产流失，切实守住保障国有资产安全和维护职工权益的重要底线。四是治理机制相同。都需确立企业市场主体地位、健全法人治理结构、推进职业经理人制度。

地方国有企业与中央企业混合所有制改革的差别主要体现在三个方面：

一是混合所有制改革的力度不一样。中央企业改革的力度明显大于地方国有企业，中央企业的改革面也明显大于地方国有企业。二是改革试点由中央企业向地方国有企业逐步扩展，改革的深度和广度增加。三是存在宏观政策与微观执行方面的差异。国家政策不一定能满足地方国有企业改革实际需求，政策往往具有滞后性。

第四章 黄石市国有企业混合所有制改革的现状分析

第一节 黄石市国有企业改革基本情况

一、黄石市国有企业基本情况

黄石市位于长江中游南岸、湖北省东南部，拥有3000多年的冶炼史、100多年的开放史、60多年的建市史，是国务院确定的长江中游城市群区域性中心城市和先进制造业基地，也是湖北省多极发展战略的重要一极。现辖一市一县、四个城区和一个国家级经济技术开发区，总面积约4600平方公里，总人口近270万人。黄石市是近代中国民族工业的摇篮，100多年前，民族工业先驱张之洞在黄石市创办中国最早的钢铁联合企业——汉冶萍公司，华中地区最早的铁路、最早的水泥厂、最早的电厂、最早的煤矿、最早的股票都诞生于黄石市。1993年，被国务院批准为沿江对外开放城市，此后相继开港、开口、开关。1996年，被国家批准为全国优化资本结构比照试点城市。目前，黄石市拥有百年老字号企业5家、全国500强企业1家、世界500强来黄石投资企业8家，有9个主导产业集群、4000多种工业产品。

黄石市因矿建厂，因厂立市，曾经的重工业气息渗透在城市深处，铁山、上窑、四门、黄石港等地名都与矿冶工厂密不可分。黄石市建市初期，仅有沿江互不相连的两个小镇。随着大冶钢厂、大冶铁矿、华新水泥、源华煤矿、袁仓煤矿、大冶有色、黄石电厂等国有企业的恢复开工和建设，城市建设取得了快速发展，由相互独立的工矿区逐步连成一体，人口大量增加，基础设施建设速度加快，发展为湖北省的第二大城市，成为以国有企业立市的典范，长期以来被人们称为湖北的“黄老二”。

在计划经济时期，黄石市经济成分基本上是全民所有制经济和集体所有制经济，其财政收入绝大部分来自全民所有制国有企业，仅大冶钢厂上缴的利税就曾支撑该市财政收入的三分之一。改革开放以来，尽管非公有制经济取得较快发展，民营企业、三资企业、个体工商户税收成为黄石市财政收入的重要来源，但华新、冶钢、有色、三鑫、东贝等大中型国有企业上缴的利税仍牢牢占据着该市财政收入的大半个江山。

黄石市是湖北省乃至全国重要的原材料基地和老工业基地。建市以来，黄石市的国有企业共生产铁矿石 3 亿多吨、钢 4000 多万吨、铜 300 万吨、水泥近 2 亿吨、煤近 7000 万吨，有力支援了湖北省和国家的重点建设，如华新的水泥对三峡建设、冶钢的特钢对神舟载人飞船等工程立下了汗马功劳。同时，黄石市国有企业积极开展"走出去"战略，大冶有色将找矿的步伐逐步迈向省外和国际市场，先后在新疆和西藏收获多座矿山。积极响应国家"一带一路"倡议，已在吉尔吉斯斯坦等多个国家合作开发矿山项目。华新水泥已在全国 10 个省市和海外的柬埔寨、塔吉克斯坦等国拥有 150 余家各类工厂。

二、黄石市国有企业改革情况

根据国有企业规模的大小、隶属关系和改革的难易程度，黄石市确定了"先易后难、先小后大、先区属(县市区)企业后市属企业"的改革顺序。大规模的改革大致经历了三个阶段：第一阶段，1999 年 6 月至 2001 年底，进行了以中小型企业为主的大规模国有企业改革，通称第一轮改革。这轮改革的对象为国有中小型企业。黄石市率先在湖北省实施大规模的国有中小型企业改革，涉及企业户数比较多，共涉及国有(集体)企业 592 家；资产总量小，总资产为 63.77 亿元；单个企业的规模小，户均资产总额为 1077 万元；涉及职工 104734 人。资产和组织结构比较简单，一般是承债式向管理层转让资产。客观地说，当时的改革是在"摸着石头过河"中探索推进的，无成熟的经验可借鉴，无系统的规定可指导。但从总体上说，对推动黄石经济社会的发展，起到了积极作用。第二阶段，从 2001 年至 2003 年，将原市属 178 家国有企业下放各城区，实行属地管理，并由城区政府负责实施改革。第三阶段，从 2003 年开始至今，改革的对象主要是国有大中型企业，重点是市属 16 家国有骨干重点企业❶，通称第二轮国有企业改革。这 16 家大型企业，如冶钢集团、华新集团等，对黄石经济举足轻重，尽管数量不到全市企业总数的 5%，但资产总量却占黄石市国有资产总量的 80%；这些国有大中型企业组织机构复杂，绝大多数是总分公司或母子公司结构，职工规模大，管理层次多，下属企业许多二级甚至多级分公司、分厂和子公司。如冶钢集团、华新集团有 20 多个国有、集体、上市二级或多级分公司、分厂和子公司；美尔雅集团有 20 多个上市、合资、控股、参股二级或多级分公司、分厂和子公

❶市属 16 家国有骨干重点企业分别为：冶钢集团、华新集团、美尔雅集团、东贝集团、三鑫金铜、宝钢黄石公司、物资集团、黄石矿务局、市国资公司、嘉诚产权交易公司、粮食储备公司、油脂公司、港口集团、轴承厂、工矿集团、银龙镀铝薄板厂。

司；这些国有企业改制程序复杂，一些企业，如美尔雅、东贝集团等债转股公司和上市公司，在改制过程中，先要征得其大股东即东方资产管理公司等资产管理公司的同意，又要寻求战略投资者支持，还要取得国资、证监等多个部门同意，改革难度相对比较大。第二轮改革共涉及市直和城区企业 151 家，总资产 191.92 亿元，总负债 161.80 亿元，职工 124606 人。通过这三个阶段的改革，黄石市共有 700 多家企业参与了改革，涉及总资产 250 多亿元，总负债 220 多亿元，净资产 30 多亿元，职工人数 22 万多人，基本实现了“政府转让产权、职工转变身份、企业转换机制”的目标。2007 年，黄石市政府被湖北省政府授予“全省国企改革先进单位”称号。

三、黄石市国有企业改革特征

在深化国有企业改革进程中，黄石市一直坚持改革形式的多样性、改革措施的整体性、改革程序的规范性，深入推进国有企业改革。

（一）坚持改革形式的多样性

针对国有企业的不同情况，黄石市坚持“以有利于企业长远发展、有利于维护职工利益、有利于增强地方经济活力”为基本原则，探索多种形式，推进企业改制重组，确保企业改革工作做到改得动、改得好、改得稳。实践中重点推行五种改革形式：一是引进战略投资者并购重组一批。大中型企业由于生产规模大，一般投资者难以涉足，通过引进国内外有实力的大集团、大企业进行并购重组，从根本上解决企业体制机制和投入问题。如冶钢集团、华新集团等几个 50 年、百年老厂都是通过引进战略投资者成功实现了改制。特别是冶钢集团改革，2004 年通过引进香港中信泰富公司，对其钢铁板块进行资产并购，成立湖北新冶钢有限公司，引进资金 2.295 亿美元，安置职工 4.5 万人。二是股份制改造完善提高一批。黄石市 5 家上市公司已经实行了混合所有制改革，总体情况较好。对这类企业，黄石市按照建立现代企业制度的要求，通过调整完善，建立规范的法人治理结构，进一步推进投资主体多元化。华新、东贝、美尔雅等公司通过转让国有股权，公司效益得到进一步提升。2006 年 3 月，瑞士水泥制造商 HOLCIM 集团承购华新水泥控股权。2009 年，黄石东贝冷机黄石地方国有股权退出。2016 年 6 月，中纺丝路(天津)纺织服装科技有限公司受让建银股份所持股权，美尔雅退出国有序列。同年 11 月 16 日，东贝冷机实业竞得东方资产管理公司所持东贝股权，东贝集团退出国有序列。2012 年 3 月 7 日，大冶有色成功实现在香港上市，成为湖北省的第一家“红筹股”上市公司。三是协议转让改制一批。如对特困企业黄石矿务局，2001 年 11 月由湖北省下放黄石管理时，已累计亏损 2 亿多元，需安置的各类人员 1.76 万人。在公开挂牌无人竞买的前提下，将资产转让给有能力的经营者，使企业再现生机和活力，改制当年实现扭亏增盈 4481 万元。四是分拆改制、剥离一批。对整体改制难以运作和办社会情况比较突出的企业，实行分拆和剥离改制。对美尔雅、华新、矿务局等大中型骨干企业采取整体移交、资产重组、出让改制、财政补贴等多种方式全面剥离其所办学校、医院、公安等社会职能，共剥离 100 多家辅业企业，涉及职工 3 万多人，企业负担得到了减轻，企业的核心竞争力得到了提高。五是民营改制一批。对经营机制不活、长期不能摆脱困境的企业，积极引进民营企业和民间资本参与改革，使其退出国有序列。黄石交运集团、正通公司、黄石天安民爆公司、黄石市交龙房地产公司等企业完成民营化改制，退出国有序列。此外，对七约山矿务局等一批资不抵债、扭亏无望的特困企业实施依法破产。

（二）坚持改革措施的整体性

在推进企业改革过程中，黄石市采取一手抓大中型企业改制重组，一手抓中小企业改制“回头看”，从整体上推进国有企业改革。在大中型企业改制重组方面，进一步解放思想，不断完善改革政策和措施，实行整体规划、分步实施、一企一策、稳步推进；改革的重点是着力解决职工安置和资产债务处理两大问题；改革的主要内容是“三转”，通过改制，形成新型政企关系，建立新型劳动关系，初步建立起现代企业产权制度。2006 年基本完成了国有、国有控股企业的改组改制，以及其他股份制企业中市属国家股、国有法人股的改制退出。在中小企业改制“回头看”方面，针对企业改制不完善、改制不转制等问题，从 2000 年起，先后组织了四次中小企业改制“回头看”活动，突出解决四个方面的问题：一是对因各种原因改制方案没有实施到位、职工没有妥善安置、职工社会保险问题没有解决的企业，责成相关部门和企业落实具体办法和措施，迅速整改到位，确保改制方案顺利实施。二是对改制程序不规范的，严格按政策依法依规进行规范，确保改制经得起历史检验。对少数故意违反产权交易、严重侵犯职工合法权益的企业经营者，通过司法途径依法解除其产权交易合同并追究其经济和法律责任，对企业实施二次重组。三是对改制后生产经营陷入困境的，通过加大政策扶持力度，采取中小企业信用担保、科技三项经费、技改投资补贴、核销不良资产等多种途径，使之摆脱困境。四是对经营者不能胜任及其他问题的，帮助企业重新选择经营者，实行再改制、再重组，使其尽快走上健康发展之路。

（三）坚持改革程序的规范性

为了避免国有资产在改革过程中流失，使改制工作能经得起历史的检验，黄石市严格按法律和政策要求，实行阳光操作，始终注意把好“六关”，使企业改制在规范有序中推进。一是把好改制方案报批关。所有改制方案都报黄石市改制办会议审批，重点骨干企业改制方案或重大问题报黄石市委、市政府审批。二是把好资产审计评估关。按照资产清理、财务审计、资产评估、企业内公示、国资部门确认、备案、核准的程序，严格进行清产核资和资产评估，科学界定企业产权关系，准确测算企业净资产及各种债务冲抵和职工安置费用。同时认真进行经济责任审计，把好企业经营者(层)购买产权的资格审查关。三是把好金融债务处置关。在金融债务处理上，规定企业改制前必须同金融债权单位达成债务处置协议，取得债权单位承诺书，否则一律不准进行改制。四是把好职工安置关。严格按政策制订职工安置方案，对职工安置方案实行"一票否决"制，凡是职工安置方案未获职代会(职工大会)通过的，一律不得进入改制程序。企业改制后，严格按政策规范社会保险关系，落实职工安置方案。五是把好资产交易关。对产权转让一律采取公开挂牌、竞价出售、招标拍卖等程序和方式，在有形产权交易市场进行。所有改制企业都严格按照《合同法》，签订产权转让合同书。六是把好法律文书关。对企业改制方案及改制程序进行合法性审查，由法律中介机构出具法律意见书。凡是不符合法律要求的，坚决予以剔除或调整。

第二节　黄石市国有企业混合所有制改革发展历程

党的十一届三中全会以来的40年间，中国国有企业混合所有制的改革之路一直在摸索中前进，在过去相当长的时间内，混合所有制经济一直未构成我国经济的主体部分，也未上升到基本经济制度重要实现形式的高度❶。国有企业混合所有制改革伴随着国有企业改革萌芽、发展、壮大。黄石市的国有企业混合所有制改革与全国一样，在探索中前进，在艰难中前行，按照中央的部署，经历了大体与全国同步的三个阶段，即萌芽阶段、发展阶段和纵深推进阶段。

一、黄石市国有企业混合所有制改革的萌芽阶段(1978—1992年)

我国国有企业改革一直围绕两权分离即所有权与经营权分离展开，大体可分为三个阶段，即"扩权让利"的国有企业改革初步探索(1978—1992年)、"转机建制"的国有企业改革战略攻坚(1993—2012年)、"规范治理"的国有企业改革纵深推进(2013年至今)三个阶段，黄石国有企业改革进程也大体如此。从国有经济调整的历史背景和进程来看，企业层面的混合所有制发展一直促进着国有企业改革的全过程❷。

---

❶董梅生：混合所有制企业股权结构选择研究，第65页，北京：经济管理出版社，2017。

❷黄群慧等：新时期全面深化国有经济改革研究，第302—303页，北京：中国社会科学出版社，2015。

新中国成立后，在全国范围内实施了农业、手工业和资本主义工商业的社会主义改造，逐步建立起了以公有制为主体的所有制基础。国有工业产值占全国工业产值的比重持续上升，由 1952 年的 44.7%上升到 1958 年的约 90%。1958—1978 年，中国尝试了多种经济改革措施，但收效甚微，在此期间国有工业产值比重始终高达 75%以上，非公有制经济处于忽视甚至被打压的状态。从新中国成立到 1978 年实施改革开放的近三十年间，中国企业所有制结构是与高度集中的计划经济体制相适应的，作为公有制经济主体形式的国有企业，以排斥其他所有制形式的“单一的”公有制为特征[1]。

(一) 混合所有制经济最先在农村萌芽

我国混合所有制经济的萌芽最先开始于农村。改革开放初期，我国农村存在大量合作经济，它们是由共有财产和农户私有财产合作而成，这种经济便是混合所有制经济。从生产资料的构成和资金来源来看，合作经济可分为农户内部之间，集体与农户之间，集体内部之间，全民所有制企业与农户之间，国家、集体、个人三者之间联办等五类，其中后三种形式，是最原始和最典型的混合所有制经济，是最早的混合所有制经济的承载形式和个体，可看作是混合所有制企业和国有企业混合所有制改革的萌芽。农户、农户私营企业或乡村集体企业利用自身所拥有的土地、劳动力等资源，与国有企业联合，通过充分利用国有企业的资金和技术优势，对当地资源进行开发。这对合作双方而言，各自看好对方的优势，通过取长补短，最终实现双赢。

(二) 改革开放初期也存在混合所有制经济

我国宏观意义上的混合所有制经济的发展实践在改革初期便开始了[2]。由表 4-1 可以看出，其他类型工业所包括的全民与集体合营、全民与私人合营、集体与私人合营、中外合营等所有制形式的工业企业已占一定比例，且所占比例逐年增大，由 1981 年的 0.62%上升到 1984 年的 1.22%。这说明早在国有企业改革的初期，我国工业企业的所有制构成就已开始悄然变化，已经出现了混合所有制经济形态。其中全民所有制企业与私人合营等可看作国有企业混合所有制改革的最先形式。

---

[1] 陈俊龙、齐平：混合所有制改革背景下国有股最优比例问题研究，第 13—14 页，北京：中国财政经济出版社，2017。

[2] 綦好东、郭骏超、朱炜：国有企业混合所有制改革：动力、阻力与实现路径，《管理世界》，2017 年第 10 期，第 9 页。

表 4-1　1981—1984 年全国工业总产值中不同所有制工业所占比重

单位：亿元、%

年份	工业总产值	全民所有制工业		集体所有制工业		个体工业		其他类型工业	
		绝对值	占比	绝对值	占比	绝对值	占比	绝对值	占比
1981	5178	4054.4	78.30	1089.3	21.04	1.9	0.04	32.1	0.62
1982	5577	4340.3	77.81	1192.8	21.39	3.4	0.06	41.0	0.74
1983	6164	4747.8	77.02	1354.2	21.97	7.5	0.12	54.9	0.89
1984	7030	5171.2	73.57	1757.8	25.00	14.8	0.21	86.1	1.22

资料来源：根据《中国工业统计年鉴》(1982—1985 年)计算编制。

（三）黄石市的初步探索

在“扩权让利”的国有企业改革初步探索阶段(1978—1992 年)未出现大面积混合所有制改革。此时的国有企业改革仅局限于经营控制权的改革，并未触及所有权改革，国有企业的所有权结构未出现显著变化，也就是国有企业混合所有制改革很少出现。这一阶段，黄石市国有企业改革以贯彻落实党的十一届三中全会精神为主，以扩大企业自主权为主要形式，以调整国家和企业之间利益关系为主要内容，着力改变计划经济模式下政府对企业生产经营活动及其收益的集中控制。无论是放权让利还是经营承包制，国有企业改革的目的是赋予企业经济实体的本质，即国有企业能独立地生产经营；改革的举措都是围绕企业经营自主权、激发企业活力、确立企业市场主体地位而进行的。这一阶段改革的特点是，试图在计划经济体制的基本框架内，通过在企业内部建立各种形式的经济责任制、在企业领导体制上实行厂长(经理)负责制这一向企业放权让利措施来增强企业的活力。黄石市委、市政府出台了一系列改革政策给予支持，启动了多方面的改革试点，促使国有企业改革稳健起步。

1. 逐步推进放权让利

改革开放前，国家统一下达指令性计划给国有企业，就业统包统揽，资金统贷统还，产品统收统销，物资统一调配，企业盈亏都由国家负责，国有企业没有经营自主权，长期处于低效率运行状态❶。1978 年 12 月，党的十一届三中全会指出：“我国的经济体制管理权力过于集中，应该有计划地大胆下放，扩大厂矿企业的自主权。”吹响了中国经济体制改革的号角，拉开了国有企业改革的序幕。1978 年 10 月，经国务院批准，四川省 6 户❷国有企业率先进行“扩大企业自主权

❶国家发展改革委体管所课题组：国企改革历程回顾与当前改革重点，《中国经贸导刊》，2015 年 3 月上，第 27—29 页。

❷主要包括重庆钢铁公司、成都无缝钢管厂、宁江机械厂、四川化工厂、新都氮肥厂和南充钢厂等 6 户地方国营工业企业。

试点”。1979 年 4 月，国家经贸委、财政部等 6 部委联合下发通知，在北京、天津、上海三市确定首都钢铁公司、北京清河毛纺厂、天津自行车厂、上海柴油机厂等 8 户企业进行扩大经营管理自主权的改革试点。到 20 世纪 80 年代初国有企业改革在全国普遍铺开❶。黄石市国有企业改革起步较早，1979 年 9 月 9 日，大冶钢厂、华新水泥厂、黄石锻压机床公司等企业被列为湖北省 50 家扩大自主权的试点厂矿企业。同年 11 月 11 日，黄石轮胎厂等一批企业又被纳入扩权让利试点单位。1980 年 7 月，黄石市委出台《关于全面扩大企业经营管理自主权的若干问题的决定》，使黄石市的扩权让利有了政策支持。放权让利改革将权力下放给企业，允许企业留利，承认剩余控制权，这在一定程度上激发了国有企业的活力，提高了国有企业生产经营的积极性，使试点企业的经营效果获得了明显提高。但同时也暴露出了很多问题，如因国家与企业信息不对称导致“工资侵蚀利润”等问题。

随后又开展了经济责任制，1981 年国家首先在山东省开始实行。黄石市改革略早于全国，1980 年 9 月，黄石市启动了在不同类型企业中开展经济合同制试点工作。1982 年 3 月，黄石市各厂矿企业开始全面推行经济责任制。1984 年，黄石市委、市政府提出“转轨、变型、开发、突破”的经济工作改革思路，率先在全市选择下陆钢铁厂等 10 家企业作为首批厂长负责制试点单位，开始了搞活企业的改革探索。1985 年 1 月，大冶钢厂、华新水泥厂等 14 家企事业单位被纳入第二批厂长负责制试点单位。

这一阶段，围绕简政放权、“放水养鱼”、扩大企业自主权，采取了政企分开、减税让利等一系列改革措施，使企业由生产型向生产经营型转变，开始面向市场、提高效益。通过放权让利，企业的经营水平、能力有所提高，企业活力有所增强。

2. 开展承包经营责任制

这一阶段，主要解决好国家与企业、企业与职工之间的关系。在国家与企业之间，就是要实施政企分开，扩大企业自主权；在企业与职工之间，就是要保证职工的主人翁地位。这一阶段改革的核心是两权分离和政企分开。1983 年 4 月国务院颁布了《国营工业企业暂行条例》，第一次对国有企业的法人地位做出规定。1984 年党的十二届三中全会通过了《中共中央关于经济体制改革的决定》，正式开启了以国有企业改革为中心环节的城市经济体制改革进程。一些国有企业由此开始变革传统的人财物、产供销“大一统”的计划经营模式，探索所有权与经营权适当分离的自主经营模式。黄石市进行了大企业经营自主权试点，探索所有权

❶白永秀：国有企业改革：历程・现状・对策，《人文杂志》，1999 年第 4 期，第 66—71 页。

和经营权适当分离、政企职责分开的改革方式，使国有企业自主经营、自负盈亏。这一时期黄石市的改革主要是对国营大中型企业开展承包经营，对小企业试行租赁经营。全市国营工商企业全面推行厂长经理负责制及多种形式的承包制。从1985年开始，黄石市国有企业改革开始由放权让利转向实行承包经营责任制。1986年，黄石市被国家经贸委列为承包经营联系点，开启了承包经营试点工作。1987年1月，黄石市委、市政府决定在全市22家大中型企业实行“三包一奖”（即包上缴利税、包“七五”规划、包技术改造，根据合作情况对经营者和职工进行奖励）为主要内容的经营承包责任制，并实行包死基数、超额全留、一定4年不变的优惠政策；在企业管理体制方面，推行分权管理、分层经营、分级核算、层层承包的“三分一包”，进一步落实和完善承包经营责任制。1990年11月，黄石市电缆厂等8家企业率先实行第二轮承包经营责任制。

承包经营责任制以合同方式确定了国家与企业的责权利关系，改变了过去企业对政府的行政隶属依附关系；承包经营责任制实际上是两权分离的初级形式，在明确企业责任的同时，赋予了企业最基本的经营自主权，推动了企业向商品生产者和经营者的转变。承包制实施后，确实使职工的积极性、企业经营效率得到提高，推动了国有经济发展。但“一包”并不“全灵”。因当时宏观市场环境发育不全、经济制度不健全，且承包制本身存在局限性，导致承包经营中出现了新问题，如包盈不包亏，最后都由政府兜底；企业内部人控制现象严重，“鞭打快牛”“涸泽而渔”“杀鸡取卵”现象屡见不鲜，承包者只顾眼前利益不顾长远利益，出现了“花光用光，讨价还价，暗箱操作”等短期行为，影响了企业长期发展。承包制在实践中暴露出的弊端，归根结底在于这种改革方式本身的局限，即它只是计划经济模式下企业管理方式的一种进步与改良，并没有解决企业作为市场经营主体的一系列根本问题，并未改变国有企业政企不分的现象。在这种机制下，国有企业发生亏损是意料之中的事，这也成为1988—1992年企业经济效益急剧下降和恶性通货膨胀的原因之一。况且当时“利改税”主张占据了主导地位，对承包经营责任制造成了严重冲击，承包制随之宣告失败。

3. 推进其他改革试点工作

在推进企业承包经营责任制的同时，黄石市还启动了其他方面的改革工作。1987年5月，黄石市被国务院列为科技体制改革试点城市，开始了“一体两翼”（即以厂办科技机构为主体，以市属独立科研机构和民办科研机构为“两翼”，放活科研机构和科技人员）科技体制改革试点工作。1978年，黄石市便开始开展补偿贸易。1984年10月，黄石市第一家合资经营企业——黄石与香港合资的华丰企业有限公司诞生。到1991年底，黄石市共兴办“三资企业”36家，总投资5390万美元，引进外资1580万美元。1992年5月，黄石市委、市政府颁布了《关于深化改革、扩大开放、加快经济发展的若干政策规定》(即“十六条”)。同年6月，黄石锻压机床厂与港商共同兴办湖北黄石锻压机床有限公司，是湖北省机械行业和黄石市首家投资规模最大的合资企业。1992年11月22日，黄石市外商投资企业协会正式成立。截至1992年12月20日，黄石市兴办的“三资”企业总数一举突破100家大关，达到102家。自此“三资企业”便成为黄石市经济发展的一支新军。而“三资企业”中的中外合资经营企业、中外合作经营企业均属混合所有制企业，由此可见，黄石市混合所有制经济已开始崭露头角。1985年，中日合资美尔雅服饰有限公司(后改为美尔雅集团)获得中国纺织业第一张中外合资的牌照。同时黄石还获得多项试点改革。1988年3月，黄石市被列为全国和湖北省企业工资总额同经济效益挂钩试点城市。1988年5月，国家经贸委同意从7月1日起对黄石下放自行对外贸易自主权。1988年8月，国家体改委批准武汉、南京、沈阳、黄石四城市为全国社会化服务改革试点。黄石市选择在华新、电厂、冶钢、黄石港区等不同类型的20多个单位先行试点。

由此可见，黄石市在一些领域的改革带有明显的超前性，在推进国有企业放权让利改革的同时，国家赋予黄石市一系列改革试点如科技体制改革、服务社会化改革等，一些改革在全国还产生了良好的示范效应和带动作用，如1993年10月31日至11月2日，全国城市社会服务化改革第4次经验交流会在黄石市召开。

扩权让利时期的国有企业改革是计划经济框架内不改变企业所有制形式、隶属关系、财政体制的企业经营权改革，通过对经营控制权的改革来搞活国有企业，政府颁布了系列扩大企业自主权、实行利润留成等文件[1]，推动了企业经营权层面的改革，主要意图是使国有企业能成为自负盈亏、自主经营、自我约束、自我发展的经济主体。改革虽取得了一定成效，但也存在明显局限性，如改革目标并非否定计划经济体制，而是修补与完善计划经济体制；改革内容是对政府与企业的权利关系的调整，即政府下放了部分权力、让渡了部分利益(企业留利)给企业；改革方法缺乏配套性和整体性，控制权的改革也因此并未取得成功。这一时期，黄石市的混合所有制企业已开始崭露头角，涌现出了中外合资经营企业、中外合作经营企业。

二、黄石市国有企业混合所有制改革的发展阶段(1993—2012年)

这一阶段以1992年邓小平视察南方谈话和党的十四大召开为标志，国有企

[1] 1979年7月，国务院颁发了《关于扩大国营工业企业经营管理自主权的若干规定》《关于国营企业利润留成的规定》等5个文件。

业确立了市场化的改革方向，政策方面由主要依靠减税让利向制度创新调整，改革着力点从搞好单个企业转向整个国有经济。这一阶段的改革从单项改革转向综合配套改革，企业改革向转机建制深入，向产权改革深化，向资本扩张延伸，向建立现代企业制度挺进❶。国有企业渐进式的产权制度改革，构建现代企业制度和股份制改革的实施，特别是股份制作为公有制主要实现形式，极大地促进了国有企业混合所有制改革的发展。

（一）理论上的突破

进入20世纪90年代，混合所有制经济发展的理论层面取得了巨大突破。在国家层面，1992年邓小平同志视察南方谈话，打破了思想上的禁忌，也打破了非公即私的传统认识。党的十四大明确指出：以公有制包括全民所有制和集体所有制经济为主体，并强调不同经济成分在自愿前提下实行联合经营。党的十五大明确指出：我国经济体制是公有制占主体地位，非公有制经济是重要组成部分；国有经济的主导作用主要体现在控制力上。这为我国国有企业改革特别是国有企业混合所有制改革提供了理论依据。2002年党的十六大进一步强调坚持“两个毫不动摇”，这就是说我们既要发展公有制经济，又要发展非公有制经济，不能把两者对立起来。2007年党的十七大指出，坚持平等保护物权，这为国有企业股份制改革和公司治理改革提供了坚实的理论依据和方向指引。2008年十一届全国人大常委会第五次会议通过《中华人民共和国企业国有资产法》，这为加强国有资产管理提供法律依据。在黄石市，这一时期黄石市委、市政府出台了相对规范的制度，部分制度对全省乃至全国的国有企业改革影响意义深远。如1999年7月16日，黄石市委、市政府出台《关于全面推进国有企业改组改制的若干意见》（通称为“三十条”），后结合国家下发的《中共中央关于国有企业改革与发展若干重大问题的决定》进行修改完善，于10月26日正式下发《关于全面推进国有企业改革与发展的若干意见》，简称“三十六条”。1994年4月，黄石市政府转发市体改委《关于黄石股份合作制企业试点实施办法》。1995年6月，黄石市委、市政府出台了《关于深化改革、扩大开放、加快经济发展的若干政策规定》的补充规定。1997年7月，黄石市委、市政府出台《关于进一步深化企业改革、从整体上搞活黄石经济的意见》。1997年12月26日，黄石市政府出台《关于进一步扩大对外开放鼓励外商投资的若干意见》。2000年初，黄石市政府办公室印发《黄石市国有大中型企业建立现代企业制度实施意见》，提出逐步建立现代企业制度。这些理论政策的制定，为黄石市推进国有企业混合所有制改革指明了方向。

---

❶洪东安：黄石改革开放30年回眸，http://blog.sina.com.cn/s/blog_462e2a170102ejix.html。

（二）实践中的推动

1. 现代企业制度的构建，为黄石市国有企业混合所有制改革夯实了基础

随着改革深入推进，国有企业改革深层次矛盾日益显现。以往国有企业改革基本上是沿着“放权让利”的思路进行的，这只是对企业经营管理方式的改革，并未触及企业制度本身，未从根本上解决国有企业改造成为真正的市场主体走向市场的基本问题。长期困扰国有企业的政企不分、自主权难落实、所有权虚置、经济效益低下等问题仍未解决。这些问题主要是由于国有企业管理制度不科学、产权关系不明、组织制度不合理等原因造成的，由此导致当我国经济发展处于低潮时，仅有1/3的国有企业在盈利；而当我国经济发展处于高潮时，仍有1/3的国有企业在亏损，且大多数国有企业很难适应市场经济的局面[1]。这就有必要建立现代企业制度解决产权关系不明问题，重塑市场主体解决企业成为独立法人实体问题，从而从根本上转变企业经营机制。为此，国有企业改革从以利益刺激为主转到以建立现代企业为目标的轨道上来。1994年，黄石市先后有冶钢集团、大冶有色、中国十五冶等15家国有大中型企业被列为全国和省、市建立现代企业制度试点，组建企业集团19家，并成功对249家企业进行股份制和公司制改造。2000年初，黄石市政府办公室印发《黄石市国有大中型企业建立现代企业制度实施意见》，推动大中型企业逐步建立现代企业制度。

2. 股份制的推行，为黄石市国有企业混合所有制改革提供了抓手

在实施承包制的同时，一批学者提出国有企业改革可试点股份制形式。1984年4月，国家体改委在常州召开城市经济体制改革试点工作座谈会上提到了“股份制”问题，允许职工投资入股，年终分红。1984年7月26日，北京天桥百货股份公司成立，标志着我国首家正式注册的商业股份制企业和首家国有企业转制的股份制企业正式诞生。1992年邓小平视察南方谈话肯定了股份制做法，认为它是对资本主义的扬弃，资本主义和社会主义均可用，这才突破了股份制姓“资”姓“社”的意识枷锁，对股份制改革的争论才逐渐趋于统一，理论开始大胆突破，国有企业产权制度改革也因此放开了手脚。1992年党的十四大把股份制明确规定为公有制经济的实现形式之一。同年国家体制委会同有关部门制定了《股份制企业试点办法》《股份有限公司规范意见》等14个规范性文件，引导股份制试点健康发展，促进了股份制向规范化方向发展。在此政策背景下，黄石市积极开展股份制改革。1992年6月6日，黄石东方商厦改组为股份公司，成为黄石市首家股份制企业，揭开了黄石市股份制试点改革的序幕。1993年5月，大冶钢

---

[1] 黄群慧等：新时期全面深化国有经济改革研究，第129—130页，北京：中国社会科学出版社，2015。

厂进行股份制改造，组建了大冶特殊钢股份有限公司。次年11月，该公司成为“全国百家建立现代企业制度”试点企业。1994年4月，黄石市政府转发黄石市体改委《关于黄石股份合作制企业试点实施办法》。自1997年全国国有企业改革开始了3年改革脱困期，黄石市根据企业不同情况，实行“一厂一法、一类一策、分类推进”的办法，率先在湖北省推进中小企业产权制度改革。冶钢集团、华新集团、锻压厂、黄棉集团、劲牌厂等企业和一批中小企业通过改革改组焕发出新的生机和活力。1998年5月21日，黄石市政府印发《黄石市关于出售小型企业产权有关问题的通知》。同年11月，黄石市委、市政府提出“高举旗帜、因症施治、转机建制、建章立制”的改革思路。1999年6月28日，组建了黄石市企业改组改制工作办公室，指导全市的改革改制工作。1999年7月16日，黄石市委、市政府出台《关于全面推进国有企业改组改制的若干意见》(通称为“三十条”)，后结合国家下发的《中共中央关于国有企业改革与发展若干重大问题的决定》进行修改完善，于10月26日正式下发《关于全面推进国有企业改革与发展的若干意见》(简称“三十六条”)。随后，1999年11月，黄石市率先在湖北省实施以国有中小企业为主要对象、以产权制度为重点的第一轮改革，正式启动了112家企业进入改组改制行列，南极雪集团、市建化总厂等首批43家中小企业正式退出国有序列。2000年4月，中共湖北省委、黄石市委决定让东钢与冶钢重组，借鉴东钢成功脱困的经验，带动冶钢发展。2001年至2002年底，全市又陆续有51户国有和集体企业改制，其中24户改为股份合作制企业，27户整体出售给个人。这24户股份合作制企业便是混合所有制企业。

3. 推进企业改制上市，为黄石市国有企业混合所有制改革探索路径

这期间，黄石市利用资本市场也得到了加快发展，1994年到1999年，先后有华新股份、康赛股份、大冶特钢、美尔雅股份、东贝电器等5家企业上市，同时还有三环锻压、青岛啤酒等5家企业通过资产重组实现借壳上市，累计募集资金23亿元，有力地促进了黄石市企业做大做强。1994年1月3日，华新水泥股份有限公司4800万股A股在上海证券交易所挂牌上市；12月9日，华新B股7700万股在上海证券交易所挂牌上市。1996年8月28日，黄石康赛(集团)股份有限公司1798.44万股A股在上海证券交易所挂牌上市。1997年3月26日，大冶特钢7000万股A股在深圳证券交易所挂牌上市。1997年7月15日，黄石东贝电器股份有限公司18216万股B股在上海证券交易所挂牌上市。1997年11月6日，湖北美尔雅(集团)股份有限公司5000万股A股在上海证券交易所挂牌上市。这期间，黄石先后有锻压、离合器、制药、啤酒、三鑫金铜等5家企业借壳上市，共融资23亿元。这些国有企业上市便成了混合所有制企业。

4. 推进企业依法破产，为黄石市国有企业混合所有制改革规范市场环境

1993 年 8 月 24 日，黄石市中级人民法院宣布，市自行车总厂破产。这是《破产法》实施以来，黄石市第一家依法破产的中型企业。自此，黄石市将企业破产作为企业退出市场的重要手段。据初步统计，1995 年至 2004 年，黄石市已陆续破产了 58 家企业，涉及企业资产总额 49032.89 万元，负债总额 148942.65 万元，职工人数为 28905 人。

此外，黄石市进一步鼓励外商投资，1995 年 6 月，黄石市委、市政府出台了《关于深化改革、扩大开放、加快经济发展的若干政策规定》的补充规定。1997 年 7 月，黄石市委、市政府出台《关于进一步深化企业改革、从整体上搞活黄石经济的意见》。1997 年 12 月 26 日，黄石市政府出台《关于进一步扩大对外开放鼓励外商投资的若干意见》。1999 年 3 月 5 日，湖北省首家上市外资股预选企业——黄石东贝电器有限公司创立。2000 年 5 月 9 日，黄石市外来投资服务中心揭牌，对外来投资企业实行联合审批"一条龙"服务。

随着改革开放的纵深推进，极大地增强了黄石市经济的实力和活力，有力地推动了全市经济的跨越式发展。1995 年 4 月 8 日，时任中共中央政治局委员、国务院副总理吴帮国来黄石市考察，充分肯定了黄石市调整结构、搞活国有企业的做法。2000 年，黄石市在全省经济发展的大格局的位次上升到第三位，老工业基地"二次创业"、再造辉煌。

5. 国资监管机构的设立，为国有企业混合所有制改革提供了助力

20 世纪 80 年代后期，国有企业改革已从放权让利进入承包经营责任制、资产经营责任制以及股份制的多种路径的探索阶段，但一直没明确企业的国有资产由谁管理的问题。1988 年 3 月，国务院机构改革增设归口财政部的国家国有资产管理局，这是新中国成立后中国第一个专职从事国有资产管理的政府职能机构。1989 年 4 月，黄石市国有资产管理局成立，管理黄石市地方国有资产，归口市财政局管辖的副县级单位。黄石市国有资产管理局的成立，标志着黄石市国有资产管理工作的起步。2002 年，党的十六大提出"建立中央政府和地方政府分别代表国家履行出资人职责"，"改革国有资产管理体制"，为深化国有资产管理体制改革指明了努力方向，黄石市国有资产管理工作也由此进入新阶段。2004 年 10 月，黄石市政府决定撤销黄石市国有资产管理局，其职能归并至黄石市国有资产监督管理委员会(以下简称"黄石市国资委")，为深化产权制度改革、防止国有资产流失提供了组织保障。黄石市国资委成立以来，始终围绕国有企业深化改革、推进重组、加强管理三条主线，积极开展工作。其一，大力推进国有企业公司制股份制改革。其二，以规范董事会建设为重点，健全国有企业公司治理结构。其三，稳步推进国有企业调整重组。其四，积极探索国资监管方式。黄石市国资委

成立后，制定了《黄石市国有企业改制方案实施细则》《黄石市国有企业改制方案法律意见书实施细则》和《关于加强企业国有产权进场交易监管工作实施意见》等23个重要规范性文件，既使国有企业改革有法可依、有章可循，依法依规进行，避免国有资产流失，又有力推进了国有企业改革，维护改革、发展和稳定大局。在全面深化改革方面，坚持推进以"政府转让资产、企业转换机制、职工转变身份"为核心的第二轮国有企业改革，从2002年底开始，围绕"三转"主题，启动了以冶钢集团、华新集团、美尔雅集团、东贝集团等151家国有大中型企业为主要对象的第二轮改革，本轮改革采取引进战略投资者并购重组一批，股份制改造完善提高一批，协议转让改制一批，分拆改制、剥离一批，民营改制一批等方式进行。全面实现市属国有资本从竞争性、部分公益性领域整体退出。2007年，黄石市政府被湖北省政府授予"全省国企改革先进单位"称号。

三、黄石市国有企业混合所有制改革纵深推进阶段（2013年至今）

（一）顶层设计方面

2012年党的十八大提出"两个毫不动摇"。"两个毫不动摇"是尊重我国社会主义初级阶段基本国情，不搞单一公有化，也不搞全盘私有化，而是实行多元化、多样化、混合化，从而调动各方面积极性，发挥各方面优势，实现共同促进，共同发展。2013年党的十八届三中全会将混合所有制提到了基本经济制度的重要实现形式地位，同时提出了"三个允许"。这为各种所有制经济成分公平竞争和合作，建立现代企业制度奠定了体制基础，进一步巩固和完善了社会主义基本经济制度。2015年8月，中共中央、国务院出台了《关于深化国有企业改革的指导意见》，随后出台了一系列文件，被称为国有企业改革"1+N"政策文件。在此背景下，黄石市也出台了一系列规范性文件共14个，如《市国资委关于加强出资企业国有资产监管防止国有资产流失有关事项的通知》《全面深化市出资企业三项制度改革方案》《黄石市国资委出资企业负责人经营业绩考核办法》《黄石市出资企业压缩管理层级减少企业法人户数工作方案》等，进一步规范国有企业改革改制行为。但一直未出台规范国有企业改革的主导文件，即"1"尚未出台，只出台了"N"，上层设计方面还有待进一步探索。

（二）积极开展试点工作

（1）积极探索投融资公司体制改革。2014年，黄石市委、市政府积极推进全市投融资公司体制改革，先后组建了城发集团、国资公司、众邦公司和交投集团四大投融资公司。2016年，黄石市委、市政府积极推进经营性事业单位转企改制工作，组建了市场发展经营管理公司；完成了环评所、档案所、公安医院、会计学会等服务中介机构脱钩改制。2021 年 10 月，黄石市又将众邦公司和交投集团通过新设合并方式组建了黄石市东楚投资集团有限公司，为市属国有独资企业。2023 年 9 月，黄石市城发集团召开了整合重组工作会议，拟将磁湖高新、新港开发、港城国资公司等城区国资平台纳入重组范围。

(2) 积极探索国有资本投资入股民营企业。支持黄石市国资公司设立融科创新、卓运产业、楚商资本等 4 只产业投资基金，基金规模达 16.5 亿元；鼓励黄石市国资公司采用“先债后股”方式投资燕舞药业(民营企业)，投资中兴派能锂电池项目、上达电子、东贝新能源等项目(民营项目)。

(3) 积极推进投融资公司下属企业混合所有制改革。完成城发集团医药公司股份制改革，引进国药湖北公司参股，完成混合所有制改革。

第三节 黄石市国有企业混合所有制改革现状分析

一、黄石市国有企业现状分析

2017 年，黄石市国有企业户数 168 户，占湖北省国有企业总户数的 4.89%；资产总额为 1678.46 亿元，占湖北省国有企业资产总额的 3.92%；所有者权益 774.84 亿元，占湖北省国有企业所有者权益总额的 5.86%；实现利润总额 15.44 亿元，占湖北省国有企业利润总额的 4.92%；实际上缴税金 2.71 亿元，占湖北省国有企业上缴税金总额的 1.17%；资不抵债企业有 45 户，占湖北省资不抵债国有企业总户数的 9.62%，净资产利润率和国有资产保值增值率均在湖北省排位靠后，分别排在第 9 位和第 16 位。由此可见，2017 年黄石市国有企业经济效益不理想，与其资产的地位不相称。具体情况如下：

(一) 企业户数及企业规模情况分析

从表 4-2 企业户数上看，黄石市国有企业总户数在湖北省 17 个地市州中算比较多的，除武汉市和宜昌市之外，就是黄石市最多，数量为 168 户，占全省总户数的 4.89%，占 17 个地市州总户数的 7.46%。从企业规模上看，黄石市的整体情况与湖北省的情况一致，都是小微企业占主体，小微企业占黄石市国有企业总户数的 88.10%，占湖北省国有企业总户数的 82.44%。从企业类型上看，黄石市国有公司制企业为 109 户，占总户数的 64.88%；非公司制企业及其他为 57 户，占总户数的 35.12%；其中，纯国有成分的国有独资公司和法人独资以及非公司制独资企业和企业化管理事业单位共有 110 户，占全市总户数的 65.48%，由此可见，2017 年黄石市国有混合所有制企业占比约为 34.5%。

表 4-2　2017 年度湖北省国有企业户数分析表

单位：个

项目	企业规模					公司制企业					非公司制企业			其他		
	合计	大型	中型	小型	微型	国有独资公司	其他有限责任公司	上市股份公司	非上市股份公司	法人独资	非公司制独资企业	其他非公司制企业	企业化管理事业单位	事业单位	基建项目	其他
合计	3434	77	526	1330	1501	1176	1894	17	98	4	140	18	65	0	0	22
湖北省直	1181	27	188	423	543	323	810	4	22	1	8	9	4	0	0	0
武汉市	1166	26	174	434	532	168	915	5	26	2	20	4	15	0	0	11
黄石市	168	1	19	50	98	53	55	0	0	1	44	0	12	0	0	3
十堰市	44	1	5	17	21	23	6	0	0	0	10	0	5	0	0	0
宜昌市	334	11	57	126	140	292	0	7	35	0	0	0	0	0	0	0
襄阳市	81	1	10	43	27	30	27	0	4		18	0	2	0	0	0
鄂州市	8	0	3	5	0	5	3	0	0		0	0	0	0	0	0
荆门市	126	3	20	55	48	75	23	1	2		18	0	6	0	0	1
孝感市	58	1	9	29	19	37	10	0	2	0	7	0	2	0	0	0
荆州市	56	1	11	32	12	23	17	0	1	0	4	3	4	0	0	4
黄冈市	67	3	15	28	21	45	8	0	4	0	4	0	6	0	0	0
咸宁市	39	1	3	28	7	29	2	0	0	0	2	0	4	0	0	2
恩施自治州	36	0	4	25	7	32	2	0	1	0	0	0	0	0	0	1
随州市	50	0	4	22	24	27	12	0	1	0	4	2	4	0	0	0
仙桃市	4	0	2	2	0	3	0	0	0	0	0	0	1	0	0	0
潜江市	3	0	1	2	0	2	1	0	0	0	0	0	0	0	0	0
天门市	5	0	0	4	1	3	1	0	0	0	1	0	0	0	0	0
神农架林区	8	1	1	5	1	6	2	0	0	0	0	0	0	0	0	0

资料来源：湖北省国资委财务监督处：《2017 年度湖北省企业国有资产统计数据资料》，2018。

(二) 企业资产规模情况分析

由表4-3可见，从资产总额情况看，2017年末，在湖北省17个地市州中，黄石市国有企业资产总额排名靠前，仅次于武汉市和宜昌市，国有企业资产总额为1678.46亿元，占全省国有企业资产总额的3.92%；黄石市户均资产总额为9.99亿元，低于湖北省平均水平，湖北省户均资产总额为12.47亿元；黄石市企业国有资产总额与上期同比，增长16.34%，低于湖北省平均水平(18.43%)，低于最高的荆州市21.59个百分点。从所有者权益情况看，2017年末，黄石市国有企业所有者权益774.84亿元，同比增长6.84%，增长速度低于湖北省平均水平5.22个百分点，低于最高的荆门市43.19个百分点；户均所有者权益为4.61亿元，高于湖北省平均水平(3.85亿元)0.76亿元。从年末国有资产总量来看，2017年末，黄石市国有资产总量为770.27亿元，在湖北省17个地市州中排名第二位，占湖北省国有资产总量的6.95%。从资产、所有者权益及国有资产总量来看，黄石市的国有企业均在湖北省处于重要地位，特别是国有资产总量位居全省第二，仅次于武汉市，但从增长速度来看，黄石市并不占优势，均低于湖北省平均水平。这与黄石市本身实施的国有企业改革偏慢有关。

(三) 企业效益情况分析

由表4-4可见，2017年，黄石市国有企业实现增加值22.58亿元，实现工业总产值为3.46亿元，工业总产值位于全省第9位，远低于武汉市、宜昌市动辄上百亿的增加值，也低于荆门市和黄冈市，甚至低于随州市和荆州市；国有资产保值增值率仅100.45%，位于全省倒数第二位，仅比鄂州市强；实现利润总额15.44亿元，同比增长4.96%，增幅在湖北省排名第10位，远低于武汉市、襄阳市、黄冈市、孝感市等地；实际上缴税金2.71亿元，在湖北省上缴税金排名第五位，低于武汉市的117.49亿元、宜昌市的31.77亿元、荆门市的5.35亿元和黄冈市的2.98亿元；净资产利润率为2.06%，位于全省第9位，处于中下水平，低于武汉市的3.4%、襄阳市的6.88%、黄冈市的5.54%等；2017年资不抵债企业45户，占湖北省资不抵债企业总户数的9.62%，是除武汉市之外湖北省最多的城市。由此可见，2017年黄石市国有企业整体效益情况不是很理想，利润总额尽管处于全省第4位，但增幅明显不足；上缴税金明显与其资产总量不符，没有起到对湖北省应有的贡献率。

表 4-3　2017 年度湖北省国有企业资产总额和所有者权益情况表

单位：个、亿元

项目	户数	资产总额				所有者权益				年末国有资产总量
		年初数	年末数	年末户均资产	同比增长/%	年初数	年末数	年末户均所有者权益	同比增长/%	
合计	3434	36152. 28	42814. 51	12. 47	18. 43	11797. 28	13220. 55	3. 85	12. 06	11079. 64
湖北省直	1181	8544. 9	10024. 68	8. 49	17. 32	3056. 25	3375. 74	2. 86	10. 45	2434. 05
武汉市	1166	17537. 56	20753. 26	17. 80	18. 34	4489. 82	5036. 75	4. 32	12. 18	4148. 08
黄石市	168	1442. 76	1678. 46	9. 99	16. 34	725. 24	774. 84	4. 61	6. 84	770. 27
十堰市	44	147. 27	195. 98	4. 45	33. 08	29. 48	36. 31	0. 83	23. 17	34. 85
宜昌市	334	2807. 4	3216. 61	9. 63	14. 58	843. 6	937. 05	2. 81	11. 08	757. 6
襄阳市	81	992. 03	1279. 32	15. 79	28. 96	432. 6	529. 48	6. 54	22. 39	528. 52
鄂州市	8	229. 43	253. 68	31. 71	10. 57	130. 26	132. 12	16. 52	1. 43	132. 1
荆门市	126	521. 97	708. 47	5. 62	35. 73	199. 67	299. 56	2. 38	50. 03	241. 78
孝感市	58	661. 3	748. 97	12. 91	13. 26	263. 1	269. 93	4. 65	2. 60	267. 67
荆州市	56	500. 98	691. 01	12. 34	37. 93	245. 51	283. 87	5. 07	15. 62	272. 41
黄冈市	67	1053. 06	1205. 14	17. 99	14. 44	545. 06	601. 32	8. 97	10. 32	574. 88
咸宁市	39	473. 86	530. 18	13. 59	11. 89	212. 73	256. 19	6. 57	20. 43	254. 43
恩施自治州	36	315. 96	349. 2	9. 70	10. 52	154. 46	164. 06	4. 56	6. 22	161. 7
随州市	50	416. 05	563. 07	11. 26	35. 34	232. 5	270. 15	5. 40	16. 19	250. 63
仙桃市	4	160. 05	189. 83	47. 46	18. 61	71. 06	73. 31	18. 33	3. 17	73. 31
潜江市	3	151. 25	205. 11	68. 37	35. 61	59. 8	65	21. 67	8. 70	63. 92
天门市	5	162. 14	176. 64	35. 33	8. 94	93. 59	96. 8	19. 36	3. 43	95. 98
神农架林区	8	34. 3	44. 89	5. 61	30. 87	12. 52	18. 06	2. 26	44. 25	18. 06

资料来源：湖北省国资委财务监督处，《2017 年度湖北省企业国有资产统计数据资料》，2018。

表 4-4　2017 年度湖北省国有企业效益相关指标表

单位：亿元

项目	产值（按现行价格计算）		净资产利润率/%	国有资本保值增值率	利润总额			实际上缴税金总额	资不抵债企业户数
	增加值	工业总产值			上年数	本年数	同比增长/%		
合计	897.82	1020.78	2.51	102.41	306.09	313.7	2.49	230.82	468
湖北省直	226.83	144.9	1.92	102.27	44.43	61.65	38.76	57.96	144
武汉市	394.52	388.42	3.4	102.17	142.44	161.86	13.63	117.49	166
黄石市	22.58	3.46	2.06	100.45	14.71	15.44	4.96	2.71	45
十堰市	6.46	5.68	-0.81	100.74	-0.3	-0.27	-10.00	0.72	11
宜昌市	104.99	387.66	-2.5	100.53	4.18	-22.29	-633.25	31.77	33
襄阳市	29.53	4.27	6.88	106.71	27.66	33.12	19.74	1.86	10
鄂州市	-0.94	1.65	0.56	99.95	1.84	0.74	-59.78	0.24	1
荆门市	18.23	19.29	1.73	101.31	10.78	4.31	-60.02	5.35	18
孝感市	3.31	2.02	0.45	101.15	0.71	1.19	67.61	1.47	9
荆州市	23.14	3.97	4.2	110.79	19.21	11.13	-42.06	2.03	9
黄冈市	40.79	53.45	5.54	103.36	24.71	31.78	28.61	2.98	6
咸宁市	4.69	0.97	1.28	100.47	1.15	3	160.87	2.18	6
恩施自治州	7.12	0.41	2.21	101.85	2.18	3.52	61.47	0.81	1
随州市	2.53	4.26	-0.35	104.42	5.83	-0.87	-114.92	1.9	9
仙桃市	2.8	0	3.1	103.13	1.66	2.24	34.94	0.07	0
潜江市	6.94	0	7.54	107.72	3.26	4.71	44.48	0.66	0
天门市	2.64	0	2.25	102.23	1.27	2.15	69.29	0.05	0
神农架林区	1.85	0.38	1.98	101.02	0.36	0.3	-16.67	0.58	0

资料来源：湖北省国资委财务监督处，《2017 年度湖北省企业国有资产统计数据资料》，2018。

二、黄石市国有企业混合所有制改革现状分析

（一）黄石市规上工业企业混合所有制情况

表 4-5　2016 年按经济组织类型分黄石市规模以上工业企业主要指标情况

单位：个、亿元、万人

项　目	企业户数	工业销售产值	资产总额	所有者权益	主营业务收入	利润总额	利税总额	从业人员年平均数
股份合作企业	1	0.34	1.48	0.07	0.40	-0.02	0	0.01
国有与集体联营企业	0	0	0	0	0	0	0	0
其他联营企业	0	0	0	0	0	0	0	0
其他有限责任公司	339	1125.3	994.3	384.29	1539.2	42	73.81	8.57
股份有限公司	29	51.12	76.65	34.20	49.75	5.2	7.39	0.85
港、澳、台商投资股份有限公司	0	0	0	0	0	0	0	0
其他港澳台商投资企业	9	113.84	106.71	79.94	109.82	5.64	8.69	0.66
中外合资经营企业	11	25.13	54.39	14.07	28.71	2.92	4.37	0.25
中外合作经营企业	1	12.28	21.79	10.07	12.28	1.19	2.27	0.02
外商投资股份有限公司	2	147.15	286.40	119.89	141.33	8.07	19.25	1.41
小计	392	1475.16	1541.72	642.53	1881.49	65	115.78	11.77
全市合计	761	2040.6	1941.7	798.22	2407.4	76.57	138.5	18.09
混合所有制企业占全市规上工业企业的比重/%	51.51	72.29	79.40	80.50	78.15	84.89	83.60	65.06

资料来源：《黄石统计年鉴（2017 年）》整理而得。

由表 4-5 可以看出，2016 年，在黄石市规模以上工业企业中，混合所有制企业户数占全市规上工业企业的比重为 51.51%；混合所有制企业工业销售产值占全市规上工业企业的比重为 72.29%；混合所有制企业的利润总额占全市规上工业企业的 84.89%；混合所有制企业的利税总额占全市规上工业企业的 83.60%；混合所有制企业的全部从业人员年平均人数占全市规上工业企业的 65.06%。由此可见，黄石市在工业企业领域中实施混合所有制改革的力度要大于全国，半数以上的工业企业已经是混合所有制企业。2016 年黄石市固定资产投资中，混合所有制企业投资 514.30 亿元，占全市固定资产投资总额的 38.07%。

（二）黄石市限额以上批发和零售业法人企业混合所有制情况

因黄石市限额以上批发和零售业法人企业均为内资企业，且《黄石统计年鉴

（2017年）》按登记注册类型分，仅分为国有企业、有限责任公司、股份有限公司和私营企业四类，故我们剔除国有企业和私营企业外，有限责任公司和股份有限公司视同为混合所有制企业（在零售业中还加上其他企业类型）。

表4-6　2016年黄石市限额以上批发和零售业法人企业主要财务状况

单位：亿元

项　目	企业数/个	资产总计	所有者权益	主营业务收入	利润总额	从业人员平均人数/人
批发业	131	258.55	142.37	591.24	17.73	4225
有限责任公司	57	213.74	128.36	476.23	14.89	1978
股份有限公司	2	1.29	0.41	4.9	0	210
小计	59	215.03	128.77	481.13	14.89	2188
混合所有制占比/%	45.04	83.17	90.45	81.38	83.98	51.79
零售业	225	78.15	36.92	137.08	7.64	10070
有限责任公司	99	58.94	31.21	83.96	6.04	6705
股份有限公司	6	7.41	1.52	21.20	0.32	673
其他企业	1	0.03	0.01	0.12	0	8
小计	106	66.38	32.74	105.28	6.36	7386
混合所有制占比/%	47.11	84.94	88.68	76.80	83.25	73.35

资料来源：《黄石统计年鉴（2017年）》整理而得。

由表4-6可知，2016年黄石市混合所有制企业在限额以上批发业中，企业个数占45.04%，资产总额占83.17%，所有者权益占90.45%，主营业务收入占81.38%，利润总额占83.98%，从业人员平均人数占51.79%。2016年黄石市混合所有制企业在限额以上零售业中，企业个数占47.11%，资产总额占84.94%，所有者权益占88.68%，主营业务收入占76.80%，利润总额占83.25%，从业人员平均人数占73.35%。

（三）黄石市国有企业混合所有制改革情况

1. 黄石市国有企业混合所有制企业情况

根据湖北省国资委2017年6月汇编的《2016年度湖北省企业国有资产统计数据资料》显示，2016年度，黄石市共统计企业213户，占全省企业户数的7.12%；按企业规模分，大型企业4户、中型企业30户、小型企业81户、微型企业98户。按组织形式分，可将企业分为公司制企业、非公司制企业和其他，其中公司制企业又可分为国有独资公司79户、其他有限责任公司102户、上市股份公司1户、非上市股份公司0户四类，非公司制企业又可分为非公司制独资企业17户、其他非公司制企业0户和企业化管理事业单位11户三类，其他分为事业单位0户、基建项目0户和其他3户三类。在剔除国有独资公司、非公司制企业独资企业、企业化管理事业单位、事业单位和基建项目等五类企业共107户外，其他有限公司、上市股份公司、非上市股份公司、其他非公司制企业以及其他等五类106户可列为混合所有制企业，混合所有制企业占比49.77%。根据湖北省国资委《2017年度湖北省企业国有资产统计数据资料》显示，2017年黄石市国有企业共168户，其中大中型企业20户(大型企业1户)、小型企业50户、微型企业98户；公司制企业109户，其中国有独资公司53户、其他有限责任公司55户，法人独资1户；非公司制企业56户，其中非公司制独资企业44户、企业化管理事业单位12户；其他3户。在这168户企业中，纯国有成分的有国有独资公司、法人独资、非公司制独资企业、企业化管理事业单位共有110户，占全市总户数的65.48%，由此可见，2017年黄石市国有混合所有制企业占比最多为34.52%。

2. 黄石市国资委监管企业混合所有制情况

截至2018年6月末，黄石市国资委出资企业12家，其中投融资公司4家，分别为黄石市城市发展投资集团有限公司(以下简称城发集团)、黄石市国有资产经营有限公司(以下简称国资公司)、黄石市众邦城市住房投资有限公司(以下简称众邦公司)、黄石市交通投资集团有限公司(以下简称交投集团)；壳企业5家，分别为黄石市冶金工业总公司、黄石市银龙镀铝薄板厂、黄石市物资集团、黄石市轴承厂、黄石市煤炭矿务局；企业化管理事业单位1家为黄石市粮食交易市场；竞争类企业2家，分别为黄石市城市投资项目代建有限公司、武汉光谷联合产权交易所黄石产权交易有限公司。

表4-7 黄石市国资委监管企业分类情况表

序号	企业名称	类型	分类特征	股东情况
1	黄石市交通投资集团有限公司	垄断	公共产品生产	国有独资
2	黄石市国有资产经营有限公司	垄断	一般商业性	国有独资
3	黄石市城市发展投资集团有限公司	垄断	公共产品生产	2个股东均为国有法人
4	黄石市众邦城市住房投资有限公司	垄断	公共产品生产	2个股东均为国有法人
5	黄石市粮食交易市场	竞争	一般商业性	企业化管理的事业单位
6	黄石市城市投资项目代建有限公司	竞争	一般商业性	国有独资
7	黄石市港务集团有限公司	竞争	一般商业性	国有独资
8	黄石市工矿集团有限公司	竞争	一般商业性	国有控股，混合所有

续表

序号	企业名称	类型	分类特征	股东情况
9	黄石市金安集团有限公司	垄断	公共产品生产	3 个股东均为国有法人
10	黄石市担保集团有限公司	垄断	特殊功能	国有控股，混合所有
11	冶钢集团有限公司	竞争	一般商业性	国有独资
12	武汉光谷联合产权交易所黄石产权交易有限公司	竞争	一般商业类	2 个股东均为国有法人

据统计，截至 2018 年 6 月末，这 12 户企业累计完成工业总产值 0. 61 亿元，同比下降 9. 18%；实现营业收入 14. 95 亿元，同比增长 24. 6%；累计实现利润总额 0. 78 亿元，同比下降 57. 97%；累计上缴税费 1. 54 亿元，同比增长 209. 66%。6 月末，12 户企业资产总额 1270. 58 亿元，同比增长 15. 15%；负债总额 743. 78 亿元，同比增长 16. 92%；所有者权益总额 526. 8 亿元，同比增长 12. 74%；资产负债率 58. 54%，同比提高 0. 89 个百分点。同时纳入党组织归口管理的企业 3 家，分别为黄石市港务集团有限公司、黄石市工矿集团有限公司、黄石市金安集团有限公司；纳入业绩考核的企业还有冶钢集团有限公司、黄石市担保集团有限公司等 2 家企业。故纳入黄石市国资委监管的企业为 17 家。这 17 家企业剔除壳企业 5 家，还剩 12 家正常生产企业。这 12 家企业属黄石市国资委一级企业的有 6 家，二级企业的有 6 家(均为国资公司下属企业)，具体分类情况如表 4-7 所示，其中处于垄断性的企业有 6 家，处于竞争性的企业有 6 家。处于公益类和特殊功能性的企业有 5 家，占全部企业的 41. 7%；处于一般商业性的企业有 7 家，占全部企业的 58. 3%。这 12 家企业，国有独资的有 6 家(含事业单位企业化管理 1 家)，实现股权多元化的有 6 家，实现混合所有制的 2 家(均为黄石市国资委的二级企业)，占全部企业的 16. 7%。

从资产分布情况来看，黄石市国资委监管企业的绝大部分资产集中在城发集团、国资公司、众邦公司和交投集团 4 家投融资公司。据统计，截至 2018 年 6 月末，这 4 家公司资产总额为 1268. 90 亿元，负债总额为 742. 16 亿元，所有者权益 526. 74 亿元；分别占黄石市国资委出资企业的 99. 87%、99. 78%、99. 99%。

表 4-8　黄石市投融资公司下属企业股权结构情况表

企业名称	股权形式	合计户数	层级		
			二级公司	三级公司	四级公司
黄石市城发集团(62 户)	国有独资	39	5	20	14
	国有控股	7	1	2	4
	国有参股	16	1	0	15

续表

企业名称	股权形式	合计户数	层级		
			二级公司	三级公司	四级公司
黄石市国资公司(126户)	国有独资	36	11	24	1
	国有控股	77	9	49	19
	国有参股	13	13	0	0
黄石市众邦公司(12户)	国有独资	5	4	1	0
	国有控股	2	2	0	0
	国有参股	5	1	4	0
黄石市交投集团(24户)	国有独资	19	13	6	0
	国有控股	0	0	0	0
	国有参股	5	5	0	0

从黄石市国资委统计的股权结构情况来看，2018年4家投融资公司共有二、三、四级子公司224户，其中国有独资公司99户，占总户数的44.2%；国有控股公司86户，占总户数的38.39%；国有参股公司39户，占总户数的17.41%。从可能存在混合所有制企业的情况来看，主要集中在国有控股和国有参股企业，若不考虑其中存在的国有与国有联合如中央企业与地方国有企业联合设企情形，则可认为，4家投融资公司已在二、三、四级企业内实现混合所有制改革企业125户，占总户数的55.8%。

中国企业改革与发展研究会称，混合基本都在二、三级及以下企业，母公司通常保持国有独资。各级国资委管理的一级企业基本是国有独资企业，许多企业仍是工厂制企业，改革严重滞后❶。黄石市的情况也是如此。从产权登记情况来看，黄石市直236户企业(含一级、二级、三级及四级公司)中，一级混合所有制企业2户，占总户数的16.67%，其他层级企业中混合所有制改革面大体处于34.5%—55.8%之间。若按上海市整体已达到60%—70%的标准来看，黄石市国有企业混合所有制改革还有很大空间，仍有很长的路需要走。

由此可见，与全国绝大部分省市出台了国资国企改革方案均以发展混合所有制为主要目标不同，近年来，黄石市国有企业改革基本处于停滞状态，黄石市委、市政府对国有企业改革已越来越淡化，没有将其纳入政府经济工作的中心环节来抓，更无从提及混合所有制改革是国有企业改革的重要突破口。近年来，黄石市政府每年都会提及深化国有企业改革，除2015年黄石市政府工作报告中提及鼓励非公有资本参与国有企业改革外，其余年份均未提及混合所有制改革。如

❶吴思：50万亿地方国资如何改，《中国经济报告》，2015年04期，第48—52页。

2015 年黄石市政府工作报告提到“按照一企一策、股权多元化要求，鼓励非公有资本、集体资本参与国有企业改革。”2016 年黄石市政府工作报告中提到“继续深化国企改革。”2017 年黄石市政府工作报告中提到“抓好国企国资改革。”2018 年黄石市政府工作报告中提到“继续深化国有企业‘三供一业’改革。”可能存在以下三个方面原因。一是黄石市前两轮改革力度较大，所剩国有企业不多，特别是能实施混合所有制改革的国有工业企业已经没有了。二是黄石市国资委监管的主体是投融资公司，但目前尚未形成对投融资公司实施混合所有制改革的成功案例。三是投融资公司对下属企业实施混合所有制改革的动力不足，在其考核指标中未列相关计划，甚至没有列改革的相关内容，黄石市政府考核的重点仍在于其投融资能力。

据统计，2010—2014 年，黄石市规模以上国有及国有控股企业户数由 60 户降至 40 户，仅占全市规模以上工业企业的 5. 48%。2017 年黄石市国有企业实现增加值 22. 58 亿元，仅占黄石市地区生产总值的 1. 53%。从黄石市国有经济的现状分析可以看出，黄石市国有经济尽管在湖北省的块头不小，但其经营效益远没有兄弟市州好，其在湖北省的影响与贡献已经在逐步减弱。加上近年来黄石市在国有经济布局和结构战略性调整中，积极推动处于一般竞争性领域的国有中小企业向非国有经济转换，先后有近 700 家中小企业退出国有序列。与此同时，国有大中型企业通过引进战略投资者、资产重组等方式，实施混合所有制改革，其在经营决策中的地位或话语权也在不断减弱，如华新水泥，目前已是拉豪集团控股，黄石方作为二股东，决策时很难如愿。从目前的情况看，黄石市的存量国有资本大量退出后，尚未完全形成国有资本择机进退、合理流动的机制，国有资本纷纷主动从非重点和劣势领域退出后，并未向重点领域和优势领域重新分配，很多时候是将之用于解决改制遗留问题或作为财政统筹使用，导致黄石市的国有经济控制力影响力不断减弱。同时部分利润数据背后并非企业实际生产经营而取得。如从黄石市国资委监管企业 2016 年和 2017 年的销售收入及营业利润数据看，2016 年销售收入约 166 亿元，营业利润总额 14 亿元，销售利润率为 8. 4%；2017 年销售收入约 280 亿元，营业利润总额约 37 亿元，利润率为 12. 85%。从数据看，黄石市国有企业的利润和收入还比较可观，但分析财务报表可看出，大部分利润来自资产处置或政府财政补贴(仅城发集团 1 家 2017 年的财政补贴收入就高达 5 亿多元)，实际生产经营所产生的利润并不是主要的来源，如众邦公司、城发集团等企业占有大量的土地资源，且这些土地位于黄石市中心地段，这 2 家企业近期可依靠土地资产增值来维持数据利润。由此可见，黄石市推进国有企业混合所有制改革不是要不要搞，而是确实有必要，行动太缓慢。

第四节 小 结

黄石市国有企业混合所有制改革伴随着国有企业改革、在全国国有企业改革的大背景下进行的，改革的进程基本与全国国有企业改革的进程一致，大致经历了放权让利、转机建制、全面深化改革三个阶段，黄石市的混合所有制经济也从萌芽、发展到壮大；但黄石市的国有企业混合所有制改革又是结合黄石市国有企业实际进行的改革，在前两个阶段其改革的力度相对较大、速度相对较快，后一阶段特别是近年来改革的力度相对较小、速度相对较慢。经过 40 年改革，黄石市国有企业的经营体制和运行机制已发生了很大变化，国有经济的运行质量和发展速度仍有待提高，国有经济的控制力和影响力有所下降。在改革起步阶段，黄石市一些领域的改革带有明显的超前性，在推进国有企业放权让利改革的同时，国家赋予黄石一系列改革试点，如科技体制改革、服务社会化改革等，一些改革在全国还产生了良好的示范效应和带动作用。在改革攻坚阶段，黄石市委、市政府出台了相对规范的制度，部分制度对全省乃至全国的国有企业改革影响意义深远。在改革深化完善阶段，国有企业已基本退出应退该退的行业和领域，基本建立了现代企业制度，其管理体制和经营机制发生了深刻变化，国有经济一统天下的局面发生了历史性变化。从黄石市混合所有制改革现状来看，黄石市在工业企业领域实施混合所有制改革的力度大于全国，半数以上的工业企业已经是混合所有制企业。在限额以上批发业中，除企业个数外，混合所有制企业的资产总额、所有者权益、主业业务收入、利润、从业人数等指标均已超过半数。从湖北省企业国有资产统计数据资料来看，黄石市混合所有制企业占比也已接近一半。从黄石市国资委监管企业情况来看，其混合所有制企业基本在其出资企业的二级及以下企业，母公司基本保持国有独资。近年来，黄石市国有企业混合所有制改革基本处于停滞状态，混合所有制改革在母公司层面未有突破，员工持股试点也未真正实行。

第五章
黄石市国有企业混合所有制改革存在的问题及原因分析

正确认识国有企业混合所有制改革，首先必须正确认识国有企业混合所有制改革存在的问题及其产生的原因，只有这样才能对症下药、有效解决问题，否则就可能产生严重失误。我国混合所有制经济是在改革开放实践中伴随国有企业改革逐步生成和发展起来的。受传统公私观念的制约和体制机制等诸多因素的影响，国有企业混合所有制改革面临许多难以避免的障碍和问题。

第一节　黄石市国有企业混合所有制改革存在的问题

黄石市国有企业历经 40 多年的改革发展，无论是国有资产总量还是国资监管体系都已取得了很大成绩，但仍存在着一些问题，阻碍黄石市国有企业高质量发展，急需加以解决。当前，国有企业改革的目的是解决国有企业政企不分、经营不活和效率低下等问题，通过改革达到转换机制、放大功能、国民共进的效果。

一、政企不分问题

在国有企业改革层面，虽一直将政企分开、政资分开作为改革目标，且早在改革开放初期就已提出来了，但至今仍未达到预期目标，黄石市国有企业并没有真正实现政企分开。现有政策文件将国有企业划分为商业类和公益类两种类型，但却没有具体的分类标准，也没有针对不同类型企业管理的具体规定[1]。黄石市国有企业特别是国有投融资公司，由于其高级管理人员一般由黄石市政府任命，这种经营管理者带有“官员+企业领导”的双重身份，不能完全按市场规律进行决策，使得国有企业仍为政府干预经济的工具。企业经营中许多事项的决策特别是

[1]袁惊柱：国有企业混合所有制改革的现状、问题及对策建议，《北京行政学院学报》，2019 年第 1 期，第 74 页。

投融资公司的投资与融资决策最终由政府来完成。其原因主要还是政企不分，没有界定好政府、国资监管机构和国有企业三者的边界，国有企业经营管理者一直就没有弄清楚企业“三重一大”事项中的重大事项到底多大才算大？投资融资额度到底要多少才必须报国资监管部门审批？达到多少才能报政府审批？没有厘清这个权利的界限，就容易引起政企不分现象。

而实际上，政企关系一直处于矛盾状态：政府从国有资产保值增值角度考虑，以各种理由、各种身份(改制前以行政长官身份，改制后以国有股权代表身份)直接干预企业的微观经济活动，将企业作为政府机构的延伸，造成政企不分现象十分普遍。在黄石市比较典型的做法就是将企业作为政府部门来管理。政府作为国有资产所有权代表，因信息不对称等因素限制，很难履行好所有者职责。政府领导往往关注大企业、与社会民生紧密相连的企业或企业领导人员“跑前忙后”的企业，而对其他生产经营企业关注较少，特别是对“空壳企业”、僵尸企业或市场出清企业关注更少，导致部分国有资产处于“真空”状态。

黄石市国有企业虽形式上已独立，按现代企业制度设立了三会一层，但实质上仍受政府控制。即使政府不再涉足企业的生产经营活动，但黄石市许多国有企业的董事长及一部分高管仍由政府任命，其身份虽已由公务员转变为企业人员，但政府与主管部门仍或多或少直接或间接掌握着对企业的直接控制权，干预企业经营。在黄石市有一不成文的做法，政府任命的企业负责人在企业干几年后，又返回政府部门继续担任领导干部，甚至提拔到政府部门任职；或在企业干几年之后，回政府部门退休。因此，企业负责人很难做到政企分开，真正按市场经济规律办事。若不听政府的话，政府一纸文书就可以将其更换，换作听话的人来做。因企业负责人的双重身份，导致企业很难成为真正的市场主体，企业本身机构设置类政府化，机构臃肿，人浮于事，效率低下。

因黄石市政府本身财力不足，国有企业特别是国有投融资公司的地位凸显，政府很多时候会扩大其职责，使其承担一些本不该承担的重担，如招商引资、文明创建等社会活动。一些国有企业还存在很多非经济性任务和历史遗留问题，包括企业办社会、厂办大集体、承担政府指令性项目等，特别是在承接基础设施建设和公共服务项目时，政府仅凭一纸红头文件，让企业遵照执行。但这些项目建设回报率极低甚至为零，政府又没有建立补偿机制，企业的生存和可持续发展就很难保障。

目前，黄石市国有企业政企、政资不分主要表现在：经营性资产或经营性企业尚未实现集中统一监管；部分资产处于多头管理或分割式监管状态(如资产归国资监管部门监管、企业负责人的任免由组织部门负责)，出资人无法细分不同领域的国有企业，存在管得过多或管得不够现象，“一刀切”现象普遍存在；黄石市的国有投融资公司充当了政府的“融资工具”等。

二、公与私的思想顾虑问题

黄石市国有企业混合所有制改革中，混合双方只有在思想意识、资产价值、企业发展战略、治理结构及方式等方面相互认同，黄石市国有企业混合所有制改革才能取得成功。但因混合双方作为两个行为主体往往很难一致，导致出现思想上的顾虑、行为上的犹豫，影响混合所有制改革的进程。混合所有制企业发展的最终结果，无论对国有企业还是对非国有企业都是双赢。但目前黄石市国有企业混合所有制改革的力度并没有想象的那么大，非国有企业对此的热情也并没有期待的那么高，之所以如此，是因为国有企业和民营企业对发展混合所有制经济均存在顾虑。“国”有所忧，“民”有所虑，制约着国有企业混合所有制改革进程。长期以来，我国的国有经济与民营经济之间彼此排斥、相互独立，彼此缺乏信任，这是国有企业混合所有制改革的最大障碍。国有企业担心混合所有制改革会导致国有资产流失；非国有企业则忧虑参与混合所有制被混没了，担心在混合所有制企业内没有话语权、自身利益无法有效保障。这种“国有所忧，民有所虑”的现象将严重影响黄石市国有企业混合所有制改革进程与改革成效。

（一）国有企业的顾虑

对黄石市国有企业而言，针对混合所有制改革的担忧主要有四点：

（1）担心民营企业管理不规范，与之合资不靠谱。担心政商关系理不清；担心与民营企业混合后，民营企业采用“移山大法”造成国有资产流失。过去改革中有很多这种事例，造成了大量国有资产流失，导致黄石市国资监管部门曾在国资系统会议上特别强调与民营企业合作须十分谨慎。

（2）担心民营企业瓜分了其所得利益。对处于优势地位的黄石市国有企业，不愿意将其利益与民营企业分享，如黄石某矿业公司其运营的城市非金属矿目前属独家经营，处于行业或领域的垄断地位，获取垄断利润，无动机和想法实施混合所有制改革，不能让肥水流入外人田。加上其领导人员担心实施混合所有制改革后，其行政级别也随之被取消，其享受的政治待遇也将不复存在。

（3）担心要承担国有资产流失责任。在国有企业实施混合所有制改革过程中，国有资产流失仍是社会各界最担心的问题。政府与企业都想去推动国有企业混合所有制改革，但都怕承担“贱卖和瓜分国有资产”的罪名。当前，国有资产流失现象持续不断。黄石市民经常可从报纸和网站上看到，黄石市某某企业负责人因国有资产流失而被追责问责，甚至牵扯出窝案、要案如中国十五冶案件，在黄石市影响很大。黄石市民认为在国有企业混合所有制改革过程中，部分国有企业高管人员利用手中掌握的权力和管理上的漏洞，经企业资本投入、重组改制、股权激励等环节，变相瓜分和内外勾结、稀释低估贱卖国有资产，造成大量国有资产严重浪费，最终流入私囊。在被查处的国有企业高管人员经济犯罪案件中，大多涉及国有资产重大流失现象。黄石市某些国有企业负责人认为，如果不进行混合所有制改革，哪怕企业一步步成为僵尸企业、空壳企业，他们也无须承担任何责任；但一旦进行混合所有制改革，在国有资产作价问题上，无论是“贱卖”还是“贵卖”，企业负责人代表国有资产的当事人都有“说不清”的风险，有可能造成损失，就要承担国有资产流失的责任。企业负责人往往因担心混合可能导致国有资产流失而被追责，抱着“多一事不如少一事”的态度，对混合所有制改革不感冒。特别是黄石市的四大投融资公司和大型企业集团公司的混合所有制改革多是止步不前。其中一个重要原因是大企业集团公司特别是四大投融资公司都被认为承担着重要的政府使命，负责为政府融资，不适合民营资本介入实施股权多元化改革。殊不知，按国家政策，其本身就要进行市场化改革，使其成为真正的市场化运营主体。

（4）担心无人来问津。一方面，黄石市部分国有企业本身已不具备混合的价值，特别是像工矿集团这种类似于僵尸企业的企业，其原有煤炭主业在黄石市内均已关停，而其本身又未确立新的主业，导致企业连年亏损，且亏损严重。这类企业就是推入市场，民营企业也无人问津。另一方面，部分国有企业担心缺乏有效的参与对象。毕竟黄石市只是湖北省的一个地级市，企业不出名、黄石市本地交易市场不发达，即便优质项目挂出去了，也不一定有人在关注或关注到了。从黄石市民营企业的发展情况来看，2016 年黄石市规模以上工业私营企业数量为 340 家，占黄石市规模以上工业企业的 44.68%，资产总额为 235.64 亿元，仅占规模以上工业企业资产总额的 12.14%，户均资产仅为 0.69 亿元；所有者权益 99.22 亿元，占黄石市规模以上工业企业所有者权益的 12.43%，户均所有者权益为 0.29 亿元；实现利润 12.92 亿元，占全市规模以上工业企业利润的 16.87%。由此可见，黄石市私营企业规模较小，实力较弱，参与黄石市国有混合所有制改革的能力较弱，很难在混合所有制改革中取得控制权。因此，黄石市国有大中型企业引进战略投资者大多需引进区域外的企业。

（二）民营企业的顾虑

对民营企业而言，他们的担忧主要表现在以下三个方面：

（1）缺乏顶层设计，担心地位不平等、待遇不公平。尽管黄石市国资监管部门出台了一些国有企业改革包括混合所有制改革方面的政策性规范文件，但就黄石市而言，黄石市委、市政府并未出台统筹考虑全市国有企业改革的政策性文件。从全国各省市的情况来看，在中央出台国有企业改革“1+N”系列政策出台后，各地为贯彻落实中央精神，很多省市均出台了深化国有企业改革实施意见，制定了系列政策性文件，用于指导国有企业改革，特别是混合所有制改革。这样就有了明确的目标、实施路线、方法措施等，有利于国有企业混合所有制改革的推进。若无国有企业改革的顶层设计，则改革很难深入、全面，相关政策及实施方案的制定就相对片面，改革的目标任务就很难明确，就如脚踩西瓜皮滑到哪里算哪里。民营企业担心，政策的不明朗，容易导致改革中的变数因素太多，致使改革难度加大，即使进入了，也害怕待遇不公平如需要承担很大的改革费用等。

(2) 担心自己被“混没了”。黄石市的国有企业改革搞得比较早，相对而言改革比较彻底，剩余未改的企业要么是无法改的企业，要么是处于可改可不改的企业，如各类投融资公司。因投融资公司体量都比较大，少则100亿元资产，多则700多亿资产，若要对投融资公司进行混合所有制改革，则民营企业想要获得控制权需要的资金量太大，很难筹措到如此大量资金，因此民营企业只能参股国有企业。民营企业投资国有企业后，因所持股份较少，害怕在企业重大决策时没有话语权，无法保障自身的利益，担心“肉包子打狗，有去无回”，害怕被“关门打狗”或“秋后算账”，把自己混没了。政企不分仍是民营企业家最为担忧的事项，民营企业即使参与改革设立了混合所有制企业，仍可能受政府强势干预。国有企业决策和民营企业决策不同，国有企业决策按正式程序来做，相对而言时间长，决策困难；而民营企业决策相对灵活，速度快，看准市场就投是其基本原则。若两者文化和机制不融合，则民营企业更担心想立即决策的事项会迟迟决策不下来。

(3) 担心缺乏实施混合所有制改革主体。民营企业在选择国有企业时，通常也会考虑国有企业的资产质量、债务包袱、负债情况、资源整合共担等[1]多方面因素。而黄石市的一级企业大都是投融资公司，属政府投融资平台公司，目前全国还没有对投融资公司实施混合所有制改革的先例。加上黄石市投融资公司本身资产负债率较高，政府考虑的主要指标还是投融资额，并未将企业市场化转型升级、下属企业股权多元化与混合所有制改革纳入目标任务，导致各投融资公司无动力对下属企业实施改革。投融资公司对下属企业改革尚未建立长远的改革发展规划，更无从谈起实施混合所有制改革。很大程度上，政府投融资公司的改革与发展计划和地方政府的要求是分不开的，很多时候地方政府将其看成政府部门，承担很多应由政府部门承担的工作，并未考虑其作为市场主体，应自主经营、自我决策、自负盈亏、自我发展，积极推进其市场化转型改革。地方政府未将混合所有制改革纳入考核目标，则投融资公司对下属企业的考核也同样不会纳入计划，导致二三级企业的混合所有制改革缺乏动力。在黄石市内，存在城发集团、

---

[1] 宋文阁、刘福东：混合所有制的逻辑——新常态下的国企改革和民企机遇，第119页，北京：中华工商联合出版社，2014。

国资公司、众邦公司和交投集团等多家投融资公司，分别承担城市发展、城市住房、城市交通基础设施以及区域内经济发展等的投融资职能，但黄石市政府未对其进行统一管理，因这些投融资公司的主业都尚未明确，其运营发展模式及融资渠道也未明确。黄石市的投融资公司在其职能上看应属投资公司，定位为企业，而其实质上并未真正实现独立自主运营，其投资重点在于政府决定的公益类项目，自主投资项目很少，很难形成其自身的业务特色。其次，黄石市投融资公司债务风险急剧加大。其资金方面主要存在两个方面问题，一是没有建立起资本金补充机制。黄石市政府要求投融资公司融资投入基础设施和公益性项目较多，并未考虑其融资需还本付息，未对其融资给予补偿，导致黄石市部分投融资公司成了债务炸弹。二是黄石市投融资公司为部分县市区或部分国有企业不计成本大幅举债，导致企业的资金流失衡。

三、公与私的有效融合问题

国有企业完成混合所有制改革只是国有企业万千改革中迈出了一步，仍有许多改革需要继续完成，其中最核心的是要实现国有企业与非公有资本的有效融合、企业经济实力和竞争力稳步提升。混合所有制企业要取得成功，国有和民营不能只是单纯做加法，还必须相互选择，力求达到一加一大于二的效果。这必须以共同价值取向为基准，以共同发展目标为方向，要能够发生“核裂变”，才能释放出意想不到的力量。[1] 国有企业混合所有制改革后，最容易出现的问题就是形式上组合在了一起，但并未融合，出现形似而神不似；国有股与非公有资本在企业的地位不一致，企业法人治理结构仍未完善；职工积极性未充分发挥，企业经济实力和竞争力并未稳步提升。

（一）目标分歧问题

国有企业往往以社会责任最大化为己任，绝大部分国有企业运行中更多考虑的是社会利益和长远利益；而非公有资本以追求效益最大化为其生产经营决策的主要动力。国有资本和非公有资本双方混合后，容易出现目标分歧，如在企业效益不好时，国有资本可能更多考虑的是企业稳定及社会稳定，而非公有资本则更多考虑如何止损，会优先考虑裁员、停产停工等措施。若双方在协商中不相互妥协，换位思考，则很难形成有效决策。故国有资本与非公有资本的有效融合成为国有企业混合所有制改革的关键。

---

[1] 宋文阁、刘福东：混合所有制的逻辑——新常态下的国企改革和民企机遇，第 119 页，北京：中华工商联合出版社，2014。

（二）领导体制问题

国有企业与民营企业在领导体制上存在很大差别。从决策效率看，民营企业通常要比国有企业要高很多。因民营企业的管理方式，仍未脱离“家长”式的管理模式，决策的灵活性、随意性比较大，民营企业决策过程相对简单，看好的项目有可能只需一个“家庭会议”就能解决。而国有企业必须循规蹈矩，遵循法无授权即禁止，一切都得按规章来办事。一项决策从意向的提出，到最后的决策落地，有一个相当漫长的审议过程，需经可行性研究、党委会审议、董事会决策等程序。从体制机制的完备性看，多数国有企业组建时间较长，体制机制相对民营企业而言较完善，民营企业加入其中，可能会感觉时时“受限”，浑身难受。加上黄石市属国有企业大多还算不上真正的市场主体，经营决策很大程度上还得依赖政府，政府要投资就投资，政府要建设就建设，自主投资建设项目很少，故近年来黄石市属国有企业的整体效益不佳。企业集团对下属企业的管理也会按政府对部门的管理一样实施，并未按《公司法》和公司章程履行职责。这些问题在国有企业混合所有制改革中需加以解决，必然需要一个团结、和谐、奋进的企业领导集体才能完成，否则国有与民营因相互猜忌，形成隔阂，就无法形成高效决策，达到实现资源配置优化的目的。

（三）企业文化问题

企业文化是企业核心竞争力的重要部分，是企业发展形成的无形资产，具有独特、相融、继承、人本等特性。公有资本和非公有资本混合形成的混合所有制企业是产权主体多元化的企业，面临着企业文化的融合问题。国有企业和非国有企业的功能和作用不同，导致其追求也不一样。在国有企业内，追求的是经济效益和社会效益的双重目标，而在民营企业内，仅追求经济效益目标，在此目标引导下，便形成了国有企业文化和民营企业文化。不同的企业文化会产生不同的管理模式和决策考量，国有企业文化主要强调保障国计民生，承担社会责任，强调的是企业的社会价值，承担该承担的社会责任，企业内部的行政色彩较为浓厚；而民营企业文化则更倾向于以经济利益最大化为中心，一切围绕经济利益转，这就导致非国有企业文化的价值观带有深深的盈利烙印❶。部分民营企业很少关注其员工价值的自我实现和社会责任的承担。人们习惯用惯性思维思考事务，容易在混合所有制企业的经营管理过程中产生冲突、矛盾，若不及时处理、处理不当，可能会产生怨恨，甚至不欢而散，一拍两散。

---

❶温国林、卿松：国有企业混合所有制改革存在的问题与对策分析，《改革论坛》，2015 年第 34 期，第 61—62 页。

四、法人治理结构问题

法人治理结构是现代企业制度的核心。在国有企业的治理结构中，除现代公司治理结构中的三会一层外，因国有企业的特殊性，在国有企业中还存在党组织。党组织在混合所有制企业中应怎样发挥作用有待深入研究。原本在国有企业内部新三会与老三会之间的关系就未厘清，随着非公有资本的加入，在其新三会中必然要安排非国有资本成员，这就势必会使新三会与老三会之间的关系更复杂，关系处理更困难。此外，因政企不分依然存在，导致国有企业选人用人机制的高度行政化，人员流动高度内部化。这显然与国有企业混合所有制改革目的不匹配，因混合所有制企业的选人用人机制是市场化选聘机制，该机制通过竞争和市场筛选挑选出最优秀最适合的管理人员❶。

（一）企业股权结构问题

在国有企业混合所有制改革过程中，最大的难题就是股权比例的分配问题，因股权的分配比例决定着各利益相关主体获取企业产权权益的多少，决定谁才拥有企业的控制权，决定到底是国有还是民营控制企业，因此在国有企业混合所有制改革中控制权问题也即是股权比例的分配问题备受关注。国有企业出于承担社会政策责任、保护国有资产安全问题等方面考虑，希望获得更多的股权。而民营企业则从追求收益最大化目标出发，同样希望获得更多股权。无论国有企业还是民营企业都想在混合所有制企业中保持控股地位，这样混合双方常陷入“控股权之争”。有企业家就公开表示，如果不能取得控股权，就不会参与国有企业改革❷。若不达成一致，混合将无法进行。从黄石市国有企业混合所有制改革现状分析可以看出，黄石市国有参股企业所占比重为16.53%，黄石市国有企业想控制企业的欲望仍十分强烈，这也是黄石市一些国有企业如矿务局医院等提出混合所有制改革想法后一直未落到实处的重要原因之一。很多时候国有与民营双方纠结51%的问题，若引进合作伙伴不止一个，则问题更复杂。需要合作各方协商谈判，可能因谈判成本过高而使混合方案无法实施。控制权的问题其实还常会带来与之相关的另外一个问题即“一股独大”问题。通常，为保证控股地位，国有股份所占股份比例都大于50%，在这种一股独大的体制下，要想打破原有的国有企业管理模式向现代企业制度改革颇有困难。导致民营股东很难参与公司治理，造成体制改革流于形式，不能从根本上达到改革的目的。

---

❶侍超：有关国有混合所有制企业公司治理弊端之我见，《财会学习》，2017年02期，第188页。

❷王佳菲：“混合所有制经济”若干问题辨析，《前线》，2014年第7期，第35页。

（二）管理制度不完善问题

当前，国有企业管理制度更倾向于与国家政府职能机构相配套，对企业发展中的技术创新等职能机构关注较少，这将对企业发展及经济活动形成很大阻碍。受传统管理理念影响，企业管理人员具有一定的机关习气，容易在许多管理制度上做表面文章，并没有真正执行到位。加上管理人员对下级工作的干预较多，导致管理工作呈现混乱状态，责任落实较困难，管理效果有偏差。[1] 在国有控制的混合所有制企业中，因国有股占控股地位，一般高层管理者都是由行政任命，更多考虑的是政治因素，思想上是否靠得住，而不太考虑经营经验和管理能力。这些管理人员已习惯于机关管理模式，一切以稳定为要，而不是以发展为要，管理者首先要考虑的是保证自己的行为不出错，无过就是功，很少有开拓创新精神。管理者基本沿袭国有企业管理制度，这些制度复杂，办事效率低。事无巨细都得层层逐级审批，一张纸上不跑个五六个领导签字，不能完事，每个部门还专门设立一个专跑签单的人员，从下到上不能越级审批，正常情况下领导不是你有事就是他出差的，通常一件小事走完审批流程都得半个月个把月。与物资采购、产品销售相关的合同审批，往往等程序走完，合同审批内容已经与市场信息不同，市场机会已擦肩而过，经常造成企业材料高成本购进，产品低价格销售情形。其次，在这种类似行政机关的背景下，国有企业招聘人才多数按政府行政部门招聘方式进行，讲学历，问出身，甚至部分黄石市投融资公司公开在招聘信息中写明“公务员优先”的字眼。

（三）监督制衡机制不健全问题

黄石市的国有企业虽陆续建立了董事会、监事会等治理结构，但法人治理结构是形似而神不似，在形式上设立了三会一层，而实际上各组织机构并未按职能分工运行，未真正起到应有的作用，形同虚设。具体而言，黄石市一级国有企业的高管仍由黄石市委或市委组织部任命，虽名义上取消了企业行政级别，但实质上仍按行政级别任命和管理。这样使得企业用人混淆了企业家和官员的界线，企业领导人员就是政府官员，很难采取聘用职业经理人经营管理企业。本应由董事会聘用的经理层目前基本仍由黄石市委或市委组织部任命，且任命企业高管时并不一定是从企业实际需要出发，而是从政府官员的职级及待遇出发，有的国有企业负责人在等待与政府官员的换位，有的将其作为退休前过渡的一种待遇（目前企业高管的年薪相对于同级公务员的工资而言要高不少）。这样导致任命的企业高管形同虚设，不能正确履职。

企业并未形成相互制衡的法人治理结构，董事会和监事会职能不清，黄石市

[1]刘尚青：国有企业管理制度与执行力的问题及建议，《现代国企研究》，2017年第4期，第59页。

有的企业的董事长不清楚自己该干什么，整天疲于应付政府及其部门的会议，整天疲于应付解决一些扯皮拉筋的社会事务，没有时间考虑企业发展规划、发展事项。董事会运行机制不健全，不是对股东大会负责，只对董事长负责。监事会形同虚设，监督权落空，完全听命于企业负责人安排。目前黄石市部分企业董事会的组成人员为3名(分别为董事长、总经理各1人、职工董事1人)或5名(分别为董事长、总经理各1人，职工董事1人，副总经理2人)，这样的设置使得董事会和经理班子中的人员高度重叠，容易混淆决策和执行责权，董事会成员均由内部人员构成，致使决策不科学。加上有的国有企业高管人员身兼数职，既为集团公司领导，同时又兼任子公司高管，很难划分各自责权利关系，出现了不同机构、公司的领导相互兼任不同职务的混乱局面。

国有企业混合所有制改革首先面临的是原企业内部不健全的监督制衡机制。因存在制度的路径依赖，国有企业混合所有制改革后，难免会保留原所有制的特点。这样，国有企业无效率或市场失灵都可能造成混合所有制的失灵。混合所有制改革并不能解决政府干预国有企业过度投资和非理性投资及经理人代理问题。原本就没有清晰界定出政府、国资监管机构与企业之间的关系，再加上新加入的非国有资本投资者，四者之间的关系更复杂了。如何理顺国有股东与非国有股东、企业与政府、国资监管机构与企业、非国有股东与企业之间的关系，是混合所有制企业必须着手解决的难题。只有健全监督管理机制，才能平衡投资人与投资人、投资人与经营者的权力，降低委托代理成本，缓解各方冲突，确保实现各方的利益最大化[1]。国有成分的董事会成员，因其任命过程受政府监管部门的影响，独立性不足，故混合所有制企业的董事会在实际中也很难发挥其应有的作用。加上董事会结构中独立董事数量明显偏少，在黄石市独立董事制度尚未建立，国有企业内尚未开展独立董事，对企业未能进行有效的监督管理[2]，导致企业内容易造成“内部人控制”。尽管黄石市国资监管部门已建立了一整套监管与考核的制度，但都是针对原有国有企业情形，尚未建立混合所有制企业监督管理与考核的办法，出现了混合所有制国有企业的监管措施与其市场化运营的矛盾与冲突。如黄石市国资监管部门要求出资企业选择中介机构需从其入围机构中选择，而其本身又不承担相关费用，这限制了企业的选择面，可能增加企业成本。

---

[1] 温国林、卿松：国有企业混合所有制改革存在的问题与对策分析，《改革论坛》，2015年第34期，第61—62页。

[2] 宋雄伟：国有企业混合所有制改革发展相关问题及对策探讨，《时代金融》，2018年第07期下旬刊，第130页。

第二节　黄石市国有企业混合所有制改革存在问题的原因分析

当前，混合所有制改革实际上是国有企业改革进一步推进的一种重要手段，国有企业混合所有制改革中存在的种种问题，其主要原因不在混合所有制改革本身，而在混合所有制改革之外。黄石市国有企业混合所有制改革存在问题的原因，大体分为以下四个方面：

一、缺乏明晰的政策指引

公与私的顾虑问题主要源于公与私混合缺乏明晰的政策指引。

（一）顶层设计的缺失

因现阶段国有企业混合所有制改革仍处于摸索阶段，虽国家出台了《关于国有企业发展混合所有制经济的意见》，但涉及混合所有制改革的内容大多为框架性政策。国家未出台混合所有制改革的专项法律来保障不同性质资本的处决权，也未出台混合所有制企业的专项法律来保障不同所有制资本的同股同权。无论是《公司法》还是企业的章程都未对政府这一监管者的权力予以明确规定，也未进行明确制约。若企业经营不去行政化，则国有企业与混合所有制企业的市场主体地位无法保障。国家政策鼓励各地结合自身实际探索，但黄石市一直未出台混合所有制改革的实施细则。制度的缺失、政策方针的不明确导致黄石市不少国有企业和非国有企业都抱着观望的态度，而不敢做出决策，采取混合所有制改革的行动。因政府政策具有强制性，一旦企业决策与政策不一致，企业将承担政策风险所带来的巨大损失。

（二）相关配套政策跟进的缺失

在混合所有制改革的具体实践中，没有国有企业混合所有制改革的细分政策体系，既无不同所有制资本参与混合所有制改革的政策文件，也无规范不同混合所有制改革途径的政策文件，政策本身就存在缺失。加上国有企业混合所有制改革本身就是一项复杂的系统工程，涉及企业改革、职工安置、工商注册、土地过户、税收减免等各方面政策的配合、跟进，若哪项政策不到位，有可能会导致国有企业混合所有制改革进程搁置。国有企业混合所有制改革后，原企业的遗留问题自然由混合所有制企业承接，这些问题涉及土地等资产过户、职工劳动关系的重新签订、资产转让优惠政策的享受等方面内容，需相关配套政策措施跟进才能解决。

（1）土地使用权过户。老的国有企业过去获得土地的方式大多是政府直接划拨，而划拨土地可能存在权属不清、证照不全、土地分割等问题。这种土地要过户，按现行土地过户相关规定，可能存在土地确权、土地分割等程序，审批办证时间长。土地使用权短期内难过户，一方面将影响国有企业混合所有制改革的进程，无法完成工商变更注册手续；另一方面，也会影响混合所有制企业正常生产经营，如开展担保融资、抵押贷款等。

(2) 优惠政策的享受。部分企业实施混合所有制改革后，因企业名称改变，原企业许多资质，如特种行业许可资质可能因企业名称改变而无法办证或换证，在此情况下混合所有制企业就无法获得相关资质，可能丢失业务，同时也将减少其无形资产，民营资本投入者就会感觉受骗，这主要还是一个政府的诚信问题。若资质无法获得，应在改革前提前告知。此外，许多企业希望能减免、降低混合所有制改革中涉及资产处置等新增税收和交易费用，降低企业成本。发改委公开的《关于深化混合所有制改革试点若干政策的意见》中规定：企业重组改制涉及的土地增值税等税收，符合规定的，可享受相关优惠。这里的“符合规定的”就是个大麻烦，需要各企业自行查找，找政策找依据。而在当前简化流程、改进服务的政治环境下，黄石市税务部门应该对企业重组改制涉及项目实施清单化、公开化，让企业办事一目了然，这其实也是减少企业成本的一个基本做法。

(3) 相关政策的限制。国有企业混合所有制改革后，建立了市场化运营机制，其员工的身份随之发生改变，不再是国有企业职工身份，需要建立市场化选人用人机制，建立市场化薪酬体系，若不能如此，可能将导致混合所有制企业人才难留。若混合所有制企业的控制权仍属国有股控制，在当前黄石市国资监管机构未出台混合所有制企业管理和考核办法前，则会受到过去国有企业工资总额的限制，难以建立市场化薪酬体系。因没有可参考的明确政府文件，更无详细指引，导致推进市场化薪酬体系困难❶。

二、产权交易市场不完善

国有产权交易市场不完善产生了国有资产流失的风险问题。产权交易环节是国有企业混合所有制改革中最重要的一环。黄石市国有产权交易市场的不完善主要表现在：一是产权交易价格的不规范。交易价格只有在竞争状态下，经交易双方的博弈才能形成使双方都获益的均衡价格。但目前黄石市产权交易场所只有2家，一家是外地在黄石市的分支机构即武汉光谷联交所黄石公司，另一家是政府公共交易中心，这2家产权交易机构的影响力、收费水平、执业手段等方面都略有差别，所针对的受众也大多是本地范围，故产权交易仅在本地区开展，影响产

❶项安波：混合所有制改革的“苏、沪经验”，《中国经济报告》，2017年第10期，第17—21页。

权的跨地区、跨行业流动。除此以外，缺乏完善的监督措施、统一的交易规则等都会影响到国有资产或国有股权跨地区、跨所有制的流动，导致国有资产流动不顺畅，进而面临流失风险。二是黄石市评估中介机构资质不高，基本没有证券评估资质，很难就相关资产作出正确估值，容易因资产评估不规范造成国有资产流失。且部分涉及员工持股计划时，容易产生经营者与评估机构勾结，中介机构可通过恶意选择评估基准日和评估方法等途径，操纵评估结果，对国有无形资产不予评估或低价评估，为产权交易提供虚假评估报告。三是交易信息不对称导致国有资产流失。目前，黄石市很多国有资产转让主要采用协议转让、无偿划转等方式，黄石市产权交易市场发现价格、形成价格的功能还不完善，市场决定价格机制还有待进一步形成。四是资金交付时间长导致国有资产流失。由于国有企业混合所有制改革所进行的产权交易涉及的金额数目巨大，故其交付周期可能比较长，可能因时间过长而发生一些问题，从而造成国有企业资产的流失。

三、国有资产管理依然不规范

当前黄石市国资监管中存在履行产权、考核、党建、协调服务等职责分类不一，导致监管关系不统一，容易造成有的企业无人监管或多头监管现象。目前黄石市国资委监管国有企业分为四类：第一类是按照产权关系分类，监管 9 家市政府授权履行出资人职责的市直属国有企业；第二类是按照考核分类，监管 8 家市直属国有企业；第三类是按照党建归口分类，监管 3 家市直属国有企业；第四类是按照部门分类，监管和协调全市所有独资、控股、参股国有企业和在黄央企省企。

黄石市国资监管部门虽已制定了权责清单，但很多企业并未熟知该清单，导致实际执行中不按规章制度执行，人为设置障碍，特别是在未界定清晰的部分，监管者与企业之间都各执一词，导致企业办事难。黄石市国资监管部门在国资监管过程中，也先后出台了很多规范性文件，但有些时候文件还真只是文件，被束之高阁。

《企业国有资产法》规定，企业国有资产的监督体系中应包括同级人大、政府、政府审计机关、社会公众及各级国资监管机构，其目的是建立多渠道、多层次的监督管理体系。但从黄石市的实际来看，该体系仍不够完善。首先，监督部门众多，可能造成部分国有资产受到重复监督，部分国有资产无人问津。如对投融资公司的审计监督就存在重复，既有国资部门的财务审计，也有政府审计部门的项目专项审计，还有企业负责人经济责任审计等。但对一些将出清或处于“空壳”的企业，部门监督缺乏。此外，因各监管部门的工作职能和任务不同其对企业监督的侧重点也会不同，提出的要求也会不同，企业为迎接监督需做各种准备，耗费不必要的精力，导致企业相关成本增加。其次，《企业国有资产法》本身不全面，未将行政事业性、金融性及资源性国有资产纳入监管范围，存在监管漏洞。

此外，黄石市国有企业还存在内控制度不完善，内控制度流于形式。企业“三重一大”事项没有真正落实集体决策及审批制度。成立新公司及对外投资未进行可研、未经审批就仓促上马。企业管理机制存在缺陷，企业员工结构、薪酬制度不合理，员工积极性调动不起来。多数员工认为无论自己怎么努力工资也难大幅提高，晋升也无太大希望，都抱着得过且过、做一天和尚撞一天钟的工作态度，这样势必会影响企业的经营效益及持续发展。

虽然黄石市国资监管部门针对国有资产管理、国有资产转让交易、产权管理等各个方面都建立了制度，但因制度本身具有时滞性，新制度实施过程中，可能会出现一些国有企业负责人仍沿用旧制度，按旧制度在执行，可能导致国有资产流失。加上企业法人治理结构不完善，出资人委派的股东代表不履职、监管者渎职等行为的发生，容易导致国有资产流失。

四、国企与非国企的发展历程差异

国有企业和非国有企业的发展历程差异导致两者的企业文化差异，从而产生企业文化融合问题。计划经济年代，政府直接干预国有企业的生产，国有企业都是按计划组织生产，产品由政府统一调拨，企业负责人由政府任命。国有企业的使命是承担社会责任，为广大人民服务，其盈利性较弱，故其企业文化的价值在于承担社会责任。改革开放后，我国开始实施国有企业改革，国有企业逐步实施市场化改革，开始追求利润和效益，但保障国计民生、履行社会责任仍是国有企业文化的主旋律，其员工有很深的社会责任感。而非国有企业在我国最先为个体户，后来才有私营企业和外资企业。非国有企业产生于市场，其资源配置完全由市场决定，以追求盈利为目的，这就导致非国有企业的文化价值带有盈利烙印，其员工有强烈的竞争和风险意识。

五、国有企业分类不清

科学分类是国资国企改革的先决条件，也是客观公正评价国有企业的需要。黄石市国有企业因经济属性和社会属性的不同组合、承担多种不同功能，要求对不同国有企业实行分类改革、区别对待。然而在实际分类中，存在分类不清、分类不细现象，导致国有企业混合所有制改革中容易产生“一刀切”现象。

一是分类不清已成为国企混改路上的难点。国有企业混合所有制改革要先进行分类，只有这样，才能区分哪类企业能、哪类企业不能进行混合所有制改革。

对国有企业分类不细，导致在混合所有制改革中容易发生“一刀切”现象。长期以来，黄石市未真正建立起有效的分类方法，一直将市属所有国有企业作为一个整体来看待，没有对各种不同类型的国有企业进行分类，这样就很难明确国有经济布局调整方向，分不清哪些该退哪些该进，容易在国有企业混合所有制改革中采取“一刀切”的简单倾向，要么都不搞，要么都搞。黄石市应该就当前国有及国有控股企业一一研究，采取一企一策方式加快推进改革。对四大投融资公司的分类应更具体、细致，因每个投融资公司既具有商业类性质，又有公益类性质，对这类企业到底具有何种属性就很难区分了。黄石市的国有企业改革并不是要从竞争领域全面退出，而改革的底线——就是要坚持基本经济制度，故在竞争领域，国有企业也应该宜独则独，宜控则控，宜参则参，因企制宜。不能用第一轮改革的思路，即所谓“靓女先嫁”，把一些好的国有企业先卖掉。国有企业本身搞得好好的，就不一定去“混合所有制改革”。本轮国有企业改革要坚持问题导向，有问题才改，无问题的、好的企业，就要继续发扬壮大。在具体推进混合所有制改革过程中，因《指导意见》只指导方向，并未细化和量化，这会给国有企业分类改革实施增添难度。同时其对企业分类并未加入诸如地域等限定因素，地域范围不一样，企业的功能也会有所不同，分类方式也应该不同。

二是国有资产监管机构定位不准。因出资人职责与监管边界不清，容易导致该管的没管到、不该管的管多了。国资监管机构应重点抓国企改革、国企发展和国资监管工作，但实际中，国资监管部门被定位为政府工作部门，承担许多应由政府公共部门管理的职责如创建卫生城市、招商引资、信访维稳、河长制等工作，导致人员力量分散，该管的没管好，不该管的管多了。如在董事会设置中，应重点关注外部董事、独立董事的委派、考核评价及监管。黄石市虽已建立外部董事会库，也委派了外部董事，开展了外部董事试点，但对外部董事履职能力和履职水平的监管不到位，既未开展业务培训，也未进行业务指导，更未进行经验交流。仅从形式上按公司法的要求进行了配备，但实质上外部董事履职并未到位，没有真正起到决策与监督的作用。

第三节　小　　结

黄石市国有企业混合所有制改革存在的问题，不仅存在国有企业改革中遇到的普遍性问题外，还有其自身问题。究其原因，不在混合所有制改革本身，而在混合所有制改革之外。

当前黄石市混合所有制改革存在政企不分问题、公与私的思想顾虑问题、公与私的有效融合问题以及法人治理结构问题等。政企不分依然存在。在公与私的思想顾虑方面，国有企业主要担心民营企业管理不规范，与之合资不靠谱；担心民营企业瓜分了其所得利益；担心要承担国有资产流失责任，担心无人问津。而民营企业主要担心缺乏顶层设计，遭遇地位不平等、待遇不公平；自己被“混没了”；担心缺乏实施混合所有制改革主体。在国有资本与非国有资本融合时，存在两者目标不一致、领导体制不同、企业文化不同方面的问题。在公司治理问题方面，存在企业股权结构、管理制度不完善以及监督制衡机制不健全等问题。

黄石市国有企业混合所有制改革存在问题的原因主要包括缺乏明晰的政策指引、产权交易市场不完善、国有资产管理依然不规范、国企与非国企的发展历程差异以及国有企业分类不清等方面原因。分类不清已成为国有企业混合所有制改革路上的最大障碍。国有资产监管机构本身的职能定位不准确，也可能导致其在混合所有制改革中发生不作为、乱作为，阻碍混合所有制改革进程。

第六章
国内外国有企业混合所有制改革经验

第一节　国外国有企业混合所有制改革经验

混合所有制成为全球范围内国有企业的重要实现形式。欧美发达国家也曾有过对国有企业的私有化改革。如法国在 1985 年后就陆续出售了大量国有企业股份；20 世纪 90 年代，联邦德国的大众汽车公司等企业私人持股比例已达 70%；而新加坡国有企业改革发展出“淡马锡”经营模式等❶。此外，法国垄断企业的混合所有制改革和新西兰的混合所有制模式，对我国混合所有制改革有很强借鉴意义。

一、英国国有企业混合所有制改革

英国是最早出现国有经济的资本主义国家，在其经济发展中国有企业发挥着重要作用，有着重要地位。在不同历史时期，英国政府对市场的干预与指导的政策不同。在英国工党执政时期，英国政府掀起了国有化浪潮。保守党上台后，接受国有化的现实，同时加强私人企业经济，强调市场竞争的作用，减少政府干预经济的活动❷。撒切尔政府实行国有企业私有化改革，让市场成为经济发展的主要推动力。20 世纪 90 年代后，布莱尔在推行新自由市场经济模式的同时，试图用“第三条道路”来缓解经济和社会危机，解决自由市场模式造成的各种经济问题。第三条道路也被称为“新混合经济”。

（一）英国国有企业发展

英国企业的国有化起源于工党执政期间，英国工党信奉“凯恩斯主义”，主张政府干预经济，“国有化”是当时英国的主导方向。20 世纪 40 年代至 70 年代末，英国掀起了三次大规模的国有化运动。1945 年至 1951 年，英国掀起了第一

---

❶郭放、孙玥璠：英国国企改革对我国“混合所有制”改革的启示，《经济研究参考》，2015 年第 37 期，第 69 页。

❷程志强：国有企业改革和混合所有制经济发展，第 77—84 页，北京：人民日报出版社，2015。

次国有化浪潮。英国政府推出了一系列与国有化相关的法案，如《煤炭法》《民航法》《运输法》《电力法》等通过后，英国政府借此实现了对煤炭和航空行业的管理与经营，将运输和电力行业等收归国有。1964 年至 1970 年，英国掀起了第二次国有化浪潮。与第一次相比，第二次浪潮的势头要小很多，但国有经济在国民经济中的规模和地位仍得到了明显扩张与巩固，将钢铁工业、公路运输、部分港口、机场重新收归国有❶。1974—1977 年，英国掀起了第三次国有化浪潮。主要表现为国有化结构的调整，即在能源、交通、钢铁等传统产业的基础上，将国有化部门进一步延伸到电子、航空等高新技术产业。经过三次国有化浪潮后，英国政府接管了所有内陆交通、港口和钢铁、煤炭、电力、邮政、通信、民航，买下了英格兰银行，收回了航空、动力企业，收购了造船等自动化设备企业，通过此举让英国成为当时西方国家"国有化"程度最高的国家之一。从 19 世纪到 20 世纪 80 年代初，英国的国有企业得到了迅速发展，国有企业的数量和国有企业涉足范围都是发达国家中最多的。

（二）英国国有企业改革

20 世纪 70 年代末，英国经济发展相对缓慢，通货膨胀严重，经济进入"滞胀"时期，被称为"英国病"❷。为了挽回英国经济衰落的颓势，重振英国经济，撒切尔夫人抛弃了"凯恩斯主义"，改用新自由主义经济理论作指导，掀起了大规模的以股份制改革为主要内容的国有企业私有化改革。据介绍，英国 1991 年已转制为私营部门的公共部门有一半以上，已转到私营企业工作的工人有 65 万名，其中 90%已成为股份持有者；全国 20%的人口都持有股份，成为股份持有者；全国国有经济部门的产值仅占全国总产值的不足 5%❸。

撒切尔政府按照先易后难顺序，先改革高盈利竞争性企业，后改革低盈利垄断行业企业，分阶段对不同类型的国有企业实施私有化改革。私有化改革可分三个阶段：第一阶段，对已按商业模式运作的企业采取直接出售方式进行私有化，如英国航空公司、英国石油公司、皇家军火企业等。第二阶段，对有自然垄断性质的公共部门的国有企业进行分解重组，采取公开上市形式，如英国电信、英国天然气公司、自来水公司、苏格兰电力公司等。第三阶段，对一些过度依赖政府补贴的企业纳入私有化行列，采取特许经营模式，政府仍提供部分补贴，如交通系统和邮政系统企业。

---

❶姜涛、吴刚：混合所有制经济理论与实践，第 61 页，北京：社会科学文献出版社，2015。

❷赵世萍：美国、英国国有企业改革对我国的启示，《当代经济》，2017 年第 32 期，第 6 页。

❸大成企业研究院课题组：西方主要国家国有经济和混合经济的制度结构、功能、地位及其作用范围，《经济研究参考》，2015 年第 25 期，第 9 页。

1. 对成熟商业模式企业采取直接出售模式

政府出售企业一般是政府与购买者经过一系列讨价还价的谈判及相关法定程序后，购买者一般以现金或股票等方式获得企业的所有权，政府不再是企业的所有者。比较典型的就是英国国家石油公司的私有化。

为有效应对欧美发达国家实行石油禁运造成的石油恐慌，1975 年，英国工党成立英国国家石油公司(BNOC)，赋予其一系列特权，使其迅速成为北海最大的石油公司之一。英国国有石油企业的国有化进程主要是迫于政治上的压力，保守党始终反对政府干预石油企业。1979 年撒切尔夫人上台后，立即着手改变工党的石油政策，首先取消了英国国家石油公司具有的国家石油公司功能，使其变为商业型公司进行经营。1981 年，保守党通过议会出台法案，将国家石油公司解体，只保留其贸易功能，上下游业务出售给英国石油公司(国有民营化运作的企业)，并将其 51%的股票上市出售。1988 年受国际市场油价影响连续亏损的英国国家石油公司被英国石油公司兼并。1989 年，保守党政府将其持有的英国石油公司股份在股市上出售，至此英国政府完全退出石油工业。

由此可见，英国国家石油公司能采取直接出售的方式进行私有化，是社会压力、卖方特点和买方情况共同决定的。出售部分股份的企业如英国宇航公司、石油公司等企业事实上已是混合所有制企业。

2. 大型公用事业公司的公开上市改革模式

规模庞大的国有企业很难通过直接出售方式找到有足够资金实力的买方实施私有化。而上市不仅能解决资金来源，同时也能通过上市分散企业股权结构，避免一股独大，促进竞争和资本市场的发展，从而削弱大型公用事业企业的自然垄断地位。上市后的企业大都价格上升，政府能增加税收，投资者能获益。比较典型的上市改革模式是英国天然气工业。

英国天然气工业的改革发展经历了起步、一体化经营和私有化三个阶段。在起步阶段，1948 年英国政府颁布燃气法案，将 1000 多家煤气公司收归国有，成立燃气理事会。1964 年英国颁布大陆架法案，国家控制了天然气的勘探和开采。在一体化经营阶段，1965 年英国在北海油田发现大量天然气，促进了天然气产业链的发展。20 世纪 60 年代末至 70 年代初英国政府开始大规模天然气基础设施工程建设，以天然气彻底置换民用和工业用煤气。1972 年燃气理事会改为英国天然气公司(BGC)，主要负责天然气下游业务，主管各地区天然气委员会工作。在私有化阶段，主要发生在撒切尔夫人执政期间[1]，主要针对天然气公司的垄断

[1] 1988 年 10 月，撒切尔夫人宣告“私有化没有限制”政策，并决定将私有化改革向自然垄断领域(如供电、供水等)推进。

状况进行改革。在英国，天然气公司一直垄断天然气的贮存和运输，且还控制了地方的配气。天然气公司在缺乏竞争的条件下经营成本和价格都虚高，效率低下。但天然气公司的架构庞大，缺乏有力的竞争者可收购，且管理者收购则又会强化个人控制权，不利于市场有效竞争。针对此情况，英国政府采取上市的方法对其进行改革。1986 年，天然气公司的股票在伦敦股票交易所公开发行，共获益 79 亿英镑，更名为英国天然气股份公司，形成大小股东近 200 万的上市公司。上市后的英国天然气股份公司实际上已经是混合所有制企业。改革后，政府取消了对天然气公司的控制和所有补贴，天然气公司被授权享有全国零售市场中小用户 25 年专营权。为限制英国天然气股份公司的垄断力，英国政府出台了一系列限制政策，包括成立天然气供应办公室负责天然气行业的监管。

3. 中长期特许经营模式

中长期特许经营模式是将经营管理权授权给私人企业，允许其经营管理国有企业或国有财产。政府仍是国有企业或国有财产的所有者，对其拥有最终指导和监督权；私人企业只是在经营期内享有经营自主权，期满后，政府可转让或收回企业的经营特许权。通过这种模式引入的私有经营者投入成本最低。采用此模式的多为债务和补贴负担严重、长期经营亏损的公共事业部门或国有企业，政府为引入竞争和有效经营模式、减轻财政压力而采取的一种被动的、阶段性的改革方式。较为典型的是英国城市公交的改革模式。

自 20 世纪 30 年代起，英国公交系统由政府全面管理。20 世纪 60 年代，英国公交事业主要由国营公司、国家和地方政府负责，公交内部根据不同地区的情况交叉补贴。到 20 世纪 70 年代，公交内部补贴不足以弥补亏损，政府成立客运交通行政部总体协调补贴。公交系统反复提价，导致客流量下降，财政补贴数额直线上升，给政府造成巨大负担。

针对此情况，1985 年英国议会通过公交公司私有化法案，1986 年 10 月英国政府开始了全国范围内的公交系统私有化改革，到 1987 年 1 月基本完成。改革主要方式是将经营管理权分解，授权私有企业经营，与私人企业竞争，价格由市场决定。在企业方面，将大公司拆分改组，原国家公共汽车公司的 42 个子公司实现私有化，独立经营，要求地方也成立一些独立公司来经营运输业务，公司之间通过竞争决定价格。在政府层面，一方面实行行政权与经营权分离，运营权全部下放给私营公交公司，而政府客运管理部门只负责资金安排、特殊人群优惠计划、基础设施等行政职责。另一方面财政补贴大大缩减，政府只补贴亏损的线路及特殊人群，前者补贴是需要企业投标竞争，后者则在不影响经营者经营的状况下强制参加。

从英国公交改革看，授权经营模式可大大降低私有化公司的进入成本，降低进入门槛，是实现市场竞争的最好办法，也能快速减轻政府财政负担。但此模式也会助长企业短视行为，只注重授权期内的盈利，不注重服务质量和长期发展规划，易导致市场混乱，造成恶性竞争，降低整个市场的服务品质。

（三）英国推行新混合经济

在大张旗鼓的“私有化”运动之后，1997 年英国工党赢得大选组建的布莱尔政府主张实施“新混合经济”即“第三条道路”。新混合经济将经济发展作为目标而不是将公有制作为目标。布莱尔政府明确提出“放弃国有化目标和政策，主张发展混合经济，强调市场机制作用”。在所有制问题上，主张人人所有的社会所有制。新混合经济更加强调市场的进取精神，主张自由竞争与社会合作同时共存；承认国家干预的作用，强调干预的有限性，政府投资需采取政府与私营部门合作的混合方式，投资限定在基础设施、教育培训和科技创新等方面。这样，政府干预经济不是直接干预，仍是借助市场力量进行的。

二、新西兰国有企业混合所有制改革

20 世纪 50—60 年代，新西兰曾是世界上经济较繁荣的国家之一，人均国民生产总值曾仅次于瑞士和美国，名列世界第三位。

（一）新西兰国有企业发展

20 世纪 80 年代以前，新西兰的国有企业经营范围很广，国有经济约占国内生产总值的 40%。新西兰政府对国有企业管理实行中央集权管理，国有企业没有经营自主权。20 世纪 70 年代后，因受两次石油冲击和 1973 年英国加入欧共体，新西兰经济遭受了沉重打击。新西兰政府净债务占 GDP 的比例由 1976 年的 9% 上升到 1985 年的 41%。[1] 在国有企业改革前，国有企业尤其是自然垄断行业或企业没有经营自主权，因新西兰政府对这类企业实行中央集权管理，加上国有企业本身存在的弊端，导致其国有企业严重亏损，不少企业陷入困境，迫使其走上改革之路[2]。

（二）新西兰国有企业改革主要内容

新西兰国有企业改革强调以公司化、商业化、私有化为主要内容，遵循“先公司化，后私有化”的思路。新西兰国有企业改革是新西兰 10 年经济整顿的一个重要组成部分。

1. 国有企业的公司化改造

公司化改造就是将原按政府法令设立的公营企业改造成按公司法设立和运营

[1] 王君卫：揭秘海外混合所有制，《董事会》，2015 年第 5 期，第 54 页。

[2] 佟福全：新西兰、新加坡国有企业改革及其共同规律性，《管理世界》，1997 年第 4 期，第 143 页。

管理。1986年新西兰政府开始对政府事业部门改革。首先颁布了《国有企业法》，这为国有企业改革提供了法律依据；随后新西兰政府剥离出从事商业活动的政府部门，将其改组成国有持股公司，以有限责任公司形式组建，按公司法运营。通常，这些公司以营利为运营目的，不再享有各种保护和特权，向政府交纳税金和红利，在市场上与私人企业公平竞争。政府不再干预商业性企业经营，将政府目标强压给商业性企业，若有必要让商业性企业完成，则政府与商业性企业之间必须签订协议，并给予相应补贴。

新西兰国有企业的公司化改造的主要内容包括六个方面：一是明确权责关系。二是建立全面审计及监督制度。三是国有企业自行负责资本的再投入和产出。四是国有企业政企分开，实行全面责任管理。五是提供良好的工作环境。六是妥善安置职工。

2. 商业化改组

新西兰政府实行的国有企业商业化，将那些从事经营活动的部门和企业改成商业化企业，与私人企业一样，参加市场平等竞争，自我经营，自负盈亏。总的说来，国有企业实行商业化，引进市场竞争机制，扩大了企业自主权和自由裁决权，使企业变成了经济实体。

3. 私有化改革

在经济改革中，新西兰政府坚持“凡是私人企业能办成的事情，就让国有企业退出”的原则，包括国有资产的出售、引入私人企业管理机制、私人承包经营、向社会发行股票等内容。到1991年底，私有化已达130亿新西兰元，占其GDP的16%。私有化所得到的资金大部分用于偿还政府所欠的公共债务。如新西兰电讯公司，其原属新西兰国家邮政局，1987年剥离改组成国有企业。1990年新西兰政府将其进行私有化，出让了部分股权，新西兰政府获收入42.5亿新元❶。新西兰电讯公司仅为新西兰国有企业改革的一个缩影。

（三）新西兰国有企业混合所有制改革

新西兰政府在看到部分私有化国有企业发展优势明显，总结其发展成功经验后，2012年6月，新西兰议会通过了混合所有制模式议案，提出了“混合所有制模式”。即新西兰政府在对四家能源企业和一家航空企业共五家国有企业进行改革时提出，在国家保持控股地位的前提下，引入非国有资本参与使其成为公私混合的改革模式，即混合所有制模式。随后，奥克兰机场、陶朗加海港和新西兰航空公司等大型国有公司都实行了混合所有制。

与之前国有企业改革相比，新西兰国家党对本次混合所有制改革准备更充

---

❶佟福全：新西兰、新加坡国有企业改革及其共同规律性，《管理世界》，1997年第4期，第143页。

分、谋划更细致。2011年伊始，新西兰政府就公开宣布，将在全国范围内的国有企业中推广新西兰航空公司混合所有制运营模式。随后，新西兰政府通过开展专家意见咨询、民众意见收集等方式，让民众享有知情权和参与权。同时政府规定了混合所有制企业的股权结构：新西兰政府保持控股权、拥有51%的股份，并对其他参与改革人员的资格进行了限定：国人(新西兰人)优先认购；每个认购者的股份比例不超过10%；国外资本的认购比例不能超过15%等[1]。

国有企业实施混合所有制改革后，对混合双方都是有利的。能使混合所有制企业在严格的商业规范中更加透明化，也有更好的外部形象，获得更多利润来壮大企业。同时，政府也可以在未来有更多的资金去投资其他资产或项目。

三、法国国有企业混合所有制改革

在西方国家中，法国的国有经济比例较高。法国的国有企业改革的侧重点在于对公共部门中国有企业进行私有化。主要目的在于对国有企业的股权进行改革，使国有企业股权多元化；同时减少政府干预国有企业的生产经营活动，让企业按市场机制运行。法国政府只管总的规划，从不代替企业经营管理[2]。

(一) 法国国有企业发展

19世纪，法国受到国家干预主义思潮影响，出现了国有企业。历史上，法国曾发生四次规模较大的国有化运动，分别为20世纪20年代末、20世纪30年代中期、“二战”之后和20世纪80年代初期。为摆脱经济困难及解决战争创伤，法国于1919年开始对工业部门实施国家管理，开展了国有化运动[3]。1936年至1937年，法国政府支持和救助了濒临破产的私营企业，将其变成了国有公司和混合公司为主要业态的国家工商企业。同时在铁路和航空领域分别成立国营公司，将两大飞机制造厂收归国有，一些军工企业也收入囊中。“二战”后，法国政府通过颁布法令，将汽车、电力、银行、保险等领域许多重要企业收归国有。20世纪80年代初，法国政府推出“计划化”与“国有化”的组合拳来调整经济结构，开创了具有法国特色的“计划市场经济”。此次国有化主要涉及工业和金融两大领域。从20世纪50年代到70年代，法国经济的拉动力是国有企业，带动法国经济高速发展，使其经济总量跃居世界经济的第四位。[4]

---

[1]王君卫：揭秘海外混合所有制，《董事会》，2015年第5期，第54—55页。

[2]姜涛、吴刚：混合所有制经济理论与实践，第65页，北京：社会科学文献出版社，2015。

[3]宋文阁、刘福东：混合所有制的逻辑——新常态下的国企改革与民企机遇，第274—275页，北京：中华工商联合出版社，2014。

[4]大成企业研究院课题组：西方主要国家国有经济和混合经济的制度结构、功能、地位及其作用范围，《经济研究参考》，2015年第25期，第9页。

（二）法国国有企业改革

20世纪80年代中期，法国在全球私有化运动浪潮和国有企业本身效率低下、经营亏损等问题的双重推动下，开始了大规模的国有企业改革。法国国有企业改革措施主要包括：厘清所有权关系，降低国有企业比重，实行资产重组和股权转让，对公益性和垄断性行业采取国有独资和国有控股公司模式，对竞争性行业采取国有参股或完全退出模式；创新经营方式，对国有企业实施分类管理和合同化管理，在分类基础上，采用“计划合同”、国企国际化和民营化、只管集团总部；建立健全监督机制，以财务监管为核心，采取政府主管部门及审计、议会等外部监督和向企业派驻稽查员的内部监督相结合方式；保障各方利益，对破产重组、股份制改革等都有详细规定，如股份制改革中，优先向本企业员工售股，但职工持股不得超过总股本的10%。[1]

（三）法国国有企业混合所有制改革

法国通过金融市场对国有股实施部分或全部出售，鼓励民众认购和企业职工持股，促进股权多元化。改革后，很多国有企业转变为国有股份低于50%的混合经济型企业。比较典型的混合所有制企业是法国电力集团（以下简称法电集团）。1946年以来，法电集团控制了全国90%以上发电量、所有输电和绝大部分供电业务，一直主导着法国电力供应。2004年5月，法国政府向议会提交1613号法案。2005年10月，法电集团启动实施改革，法国总理德维尔潘亲自宣布了此决定。与此同时，为确保法电集团履行公共服务保障责任，法电集团与政府签订了公共服务合同，成立了由财政部牵头的跟踪委员会跟踪合同实施，每三年编制一次合同执行总结报告呈交议会审批。2005年11月21日，法电集团成功整体上市，成为法国公众公司。2014年年底，法电集团的股权结构为法国政府持股84.5%，员工持股1.7%；法电集团位列世界500强企业的第70位。[2]

四、美国国有企业混合所有制改革

美国国有企业是在特定历史条件下为解决特定问题而产生的，主要以政府公司、政府主办企业为主，不仅包括政府公司，还包括国有民营和私有国营企业以及类似政府机构的管理局、协会，主要分布在基础产业、社会公益性产业以及新兴行业[3]。从整体看，美国国有企业具有两种职能：公益服务职能和应急职能。

---

[1] 杨海波：法国国企改革对我国国企改革的启示，《理论与当代》，2016年第8期，第47—48页。

[2] 王君卫：揭秘海外混合所有制，《董事会》，2015年第5期，第56页。

[3] 赵世萍：美国、英国国有企业改革对我国的启示，《当代经济》，2017年第32期，第6页。

代表企业有美国国家铁路客运公司、美国公共广播公司、美国邮政等❶。

（一）美国国有企业发展

自20世纪30年代经济大危机后，美国总统罗斯福实施了罗斯福新政即全面干预整个国民经济的政策，建立起了一大批重要国有企业。第二次世界大战期间，美国联邦政府建立起庞大的经济调节机构统管经济，投资兴建了大批企业，特别新兴工业部门、公共事业部门和关键生产部门建立了一批国有企业，这些国有企业对当时美国经济的发展发挥了重要作用。20世纪60—70年代，美国的国有企业无论是数量上还是重要性上都十分引人注目。联邦政府和各州地方政府都兴办有相当数量的国有企业，且有较大增加。据统计，1939年美国国有财产已达1039亿美元。“二战”期间，数千家军工企业由美国政府投资兴建，仅战时“国防工厂公司”就达2300多家。“二战”后，尽管一批国有企业陆续被出售，但国有资产总量仍有所增加。国有资产在科学技术研究、基础设施和公用事业方面发挥着重要作用。美国政府管理国有企业的主要形式有两种：一是出租经营方式；二是以主承包商为首的系统工程承包方式。

1981年，里根总统针对国有企业弊端开始对国有企业进行整顿和调整，即新一轮私有化与市场化改革。在布什等多位总统的持续推进下，改革更深入，国有经济占比下降，最终达到美国历史最低水平❷。

总的来说，美国的国有企业不是很多，但国有企业对美国社会经济生活有着重要的影响和作用，特别是联邦政府对宏观管理调控经济社会稳定意义重大。

（二）美国国有企业改革

美国国有企业改革的实质就是国有企业私有化，就是尽量减少国有经济成分的比重，让私人部门收购或经营国有企业。美国国有企业私有化不仅包括产权的私有化，还包括经营权的私有化，还将私有化概念引入了强化市场竞争、放松政府管制、特许经营等行为。

美国国有企业私有化的方式有很多，主要包括：放松管制、所有权转让、经营权转让等方法。因不同改革方式具有不同的特点，故其适合不同行业和部门（见表6-1）。

❶叶祥松：美国国有企业管理体制给我们改革的启示，《东疆学刊》，1996年第3期，第28页。

❷史本叶：美国国有企业发展及其近期私有化改革研究，《吉林大学社会科学学报》，2006年第1期，第114页。

表 6-1 各种私有化改造的方式、目标和特点

私有化方式	目标对象	特点
一、所有权转让方式		
1. 出售	私人企业	改革对象为中小企业，无须证券市场交易
2. 引进战略投资者	私人公司	获取战略投资者的技术和管理经验，政府转让部分股权
3. 股票交易	私人或机构投资者	适合上市或拟上市公司，公众参与
4. 管理层收购	经营管理者	员工持股的特殊方式，可降低企业内部的反对意见，可快速实施
5. 凭证交易	居民个人	机会均等，可筹集资金满足需要
6. 破产清算	股东、债权人、职工等	能快速私有化
7. 拍卖	个人或企业	适合所有企业
二、管理权转让方式		
1. 特许经营	无	政府控制价格和产出
2. 管理合同	无	政府管理能力提升
三、重建或商业化方式	无	内部改进
四、放松管制方式	无	引入竞争

资料来源：史本叶：美国国有企业发展及其近期私有化改革研究，《吉林大学社会科学学报》，2006年第1期，第116页。

在美国国有企业改革进程中，出售国有企业资产是所有权转让中最主要、也是最彻底的私有化措施。美国政府在战后曾把军工企业出售给私人企业，20世纪80年代以来，还相继制定了一些国有企业资产私有化计划，如出售全国铁路客运系统、联邦铁路货运公司、电力公司等。美国联邦政府1988—1992年间已出售国有资产和削减各项补助250亿美元。美国国有企业改革中的最重要的私有化方式是国有企业非所有权转让中的立约承包[1]。近年来，美国政府又有了私有化新方法即竞争性招标(Competitive Sourcing)，使用该方法可由竞争程序来完成联邦政府的所有商业性质活动的私有化。

(三) 美国的混合经济体制

美国杜鲁门和艾森豪威尔两届政府任期内形成了混合经济体制，肯尼迪和约翰逊任总统期间发展壮大了混合经济体制。美国的经济模式是政府在干预经济的同时，仍坚持自由经济传统，将自由与约束紧密结合即“管理下经济自由”模式，

[1] 史本叶：美国国有企业发展及其近期私有化改革研究，《吉林大学社会科学学报》，2006年第1期，第117页。

该模式呈现出典型的混合经济状态，在所有制上表现为国营部门与私人企业间的互补。美国的国有企业一般可分为联邦政府所有的国有企业和州及市镇各级政府所有的国有企业。广义的美国国有企业不仅包括各级政府控制乃至发起的企业，还包括提供基础设施服务和提供公用事业服务的机构。如提供住房、运输等基础设施服务的公共机构，提供教育等公用事业服务的诸多地方政府特设机构。美国国有企业按政府出资比例分，一般可分为政府独资国有企业和政府合资国有企业两类，如商业信贷公司、进出口银行、联邦农产品保险公司等属于联邦政府独资公司；如美国联邦存款保险公司、国家铁路客运公司等属于联邦政府合资公司。美国议会代表美国公民拥有国有企业的产权，议会通过立法手段决定处理国有企业发展的重大问题。

五、新加坡国有企业混合所有制改革

新加坡 1965 年独立之初，经济发展程度较低，基础薄弱，为使国内经济快速发展壮大，在新加坡政府全力推动下一批国有企业应运而生。新加坡的国有企业在新加坡经济发展中一直发挥着举足轻重的作用，主要通过新加坡淡马锡控股(私人)有限公司(以下简称淡马锡)负责持有和管理的，淡马锡属新加坡财政部的全资公司。淡马锡模式早已声名在外，据统计，其年均股东投资回报率超过 18%，年分红达 7%[1]。

(一) 新加坡国有企业发展

1965 年，新加坡独立时，该国政府就开始在基础工业领域投资设立国有企业。到 20 世纪 70 年代，新加坡国有企业开始向高技术领域发展。1972 年，新加坡政府成立国有航空公司，后又投资新加坡国有科技公司。80 年代，因新加坡经济出现衰退，大部分基础工业领域的国有企业如纺织厂等纷纷关闭破产。而此时的新加坡私人企业已经有所建树，要求国有企业让出地盘。为此，新加坡政府开始对国有企业实施改革，使国有企业与国民经济变革相适应[2]。新加坡国有企业私有化通过私有化缩小国有企业规模，提高资本投资效率，引入市场竞争，进一步完善市场经济体系是一种自主行为，并非国有企业经营不善。

(二) 新加坡国有企业改革

1985 年 3 月，新加坡政府宣布实行国有企业私有化。其私有化主要采取了 3

---

[1] 杜晓君、李曼丽：新加坡国有企业改革启示，《东北大学学报(社会科学版)》，2006 年第 5 期，第 332 页。

[2] 佟福全：新西兰、新加坡国有企业改革及其共同规律性，《管理世界》，1997 年第 4 期，第 143—152 页。

大措施：一是国有企业从私人企业固有的商业领域退出；二是发展新加坡股市；三是减少与私人企业之间的市场竞争。基于此，此次新加坡国有企业私有化并未触及国有高技术公司。新加坡国有企业私有化具有自身的特色，国有企业私有化一律实行政府控股，不允许私人和外资控股。按其法律规定，新加坡政府对私有化的国有企业至少控股30%。同时规定，个人持股不得高于5%，外国投资者入股须低于公司资产总值的15%。同时新加坡政府对新建国有高技术企业采取减税、出口国家担保等优惠政策，鼓励其发展，故新加坡政府实施的国有企业私有化并未减少政府在其经济中的作用。从国有企业数量来看，新加坡国有企业数量不降反增，由1974年的180家上升到1992年的566家。

（三）新加坡国有企业混合所有制改革

从新加坡国有企业整个改革的历史来看，私有化进程是逐步加深的，在此过程中，股权多元化、国有股占比降低是明显趋势。新加坡在推动股权多元化的同时，也积极引进外资和民营资本，实施混合所有制改革。外资、民资的注入，不仅集聚了资本，还引进了合作伙伴的资源，整合了企业优势，充分发挥了国有与非国有资本的协同效应，提升了企业的竞争优势。新加坡国有企业私有化改革过程中，改革的思路是将原基础较好的国有企业尽量折股上市，让人民多控股，政府少控股[1]。但对关系国计民生的国有企业保留政府控股，如新加坡航空公司，淡马锡控股54%。淡马锡控股的企业绝大多数都是上市企业。

六、对主要发达国家混合经济发展的几点认识

“二战”到21世纪初，发达国家的混合经济发展已出现几次反复，混合经济在不同时期的国民经济发展中发挥了重要作用，同时也积累了一些混合经济发展的经验和教训。各国混合所有制改革模式对我国混合所有制改革具有重要借鉴意义。

（一）清醒认识国有企业在国民经济中的地位和作用

发达国家虽以私有制为基础，但也存在国有经济和国有企业，还存在混合所有制经济。就国有企业在国民经济中所占比重而言，绝大多数西方发达国家都不如私有企业，其经营范围仅在少数领域和行业。而国有企业对国民经济的发展、宏观经济调控、社会福利改善都发挥了重要作用。一是利用国有经济成分服务市场健康发展。西方发达国家在市场机制不易发挥作用的地方，国有经济成分为之提供服务。二是实现宏观经济调控的重要手段。主要克服以私有制为基础的市场

---

[1]张银银：新加坡国有企业改革中政府角色定位对中国的启示，《现代交际》，2018年第2期，第223—225页。

经济的盲目性，实现经济社会平稳发展。三是促使收入分配公平，提供福利保障。西方发达国家内部收入分配机制是市场机制，按市场效率分配收入的机制进行分配，则缺乏竞争力的人群可能收入很少甚至没有收入来源，其生活陷入困境，影响社会公平稳定。而国有经济的存在能提供一定社会财富，调节社会财富分配，提供社会福利保障。

（二）混合所有制企业兼顾市场与社会双重目标

20 世纪 50—60 年代，西方国家开始实行国有化，产生了一批国有企业和混合所有制企业。西方国家通过调动整个社会的资源进行企业改造，使之国有化，其目的是使西方国家有应对经济危机和适应市场环境的能力。20 世纪 70—80 年代，国有企业效率普遍下降，政府将其实行私有化以便提高效率。故混合所有制企业演变的两个轴心是市场效率和社会目标。混合所有制企业在市场运行中不仅有市场导向，还有国家目标任务。西方国家的混合所有制经济既有市场机制起基础性作用，又有国家宏观调控，是计划与市场共同调节经济。

（三）合理的治理结构是混合所有制企业健康发展的必要条件

在混合企业中，无论哪个国家，都必须处理好国家资本权利和私人资本的适当权利关系，特别是保证民营资本权利。西方国家因产权制度比较完善，保障民营资本权利的问题并不突出，设计和建立保障民营资本权利的治理结构仍具有重要的意义。通过设计治理结构可保证顺利实现混合式企业双重目标。

（四）混合经济是社会经济发展的"过渡型常态"

在资产组织形式上，混合是一种次生的所有制形式。在社会经济发展过程中，混合经济是一种"常态"，但它又处于"国有化"和"私有化"相互变动中。从整个国民经济看，有时国有经济占主导，有时私有经济占主导；从具体企业组织看，资本所占比重取决于股权比重，故混合所有制企业有时是"国有"控股，有时又是"私有"控股。我们必须充分认识到在国民经济和企业形式上混合既是常态又具变化发展特性，摆脱姓"公"姓"私"选择局限，才能使发展混合经济成为国民经济的重要基础。只要有利于增加经济活力、加快经济发展的所有制形式，就应该大胆试用。

第二节　国内国有企业混合所有制改革实践

党的十八届三中全会提出要积极发展混合所有制经济以来，各地纷纷推出了本地混合所有制改革方案，积极开展国有企业混合所有制改革，呈现出了一批典型案例。

一、地方国有企业混合所有制改革实践

（一）上海市国有企业混合所有制改革模式与路径

2013年上海市发布了国有企业改革相关政策，启动了上海市国资国企改革。2014年至2017年，上海市陆续出台了有关国有企业管理、混合所有制、员工持股等方面的政策及政策指引❶(见表6-2)。

表6-2　2013—2017年上海市国有企业改革相关政策

年度	政策名称	政策要点
2013年	《关于进一步深化上海国资改革促进企业发展的意见》	上海市国资委对国有资产进行分类，启动该市国资国企改革
2014年	《关于推进本市国有企业积极发展混合所有制经济的若干意见(试行)》	基本完成国有企业公司制改革，发展混合所有制经济
2015年	浦东国资国企改革“18条”	通过国资改革带动国企改革，国有企业分类监管等意见
2016年	《关于推进供给侧结构性改革促进工业稳增长调结构促转型的实施意见》	优化供给结构等六项具体任务
2017年	《关于本市地方国有控股混合所有制企业员工持股首批试点工作实施方案》	规定了员工持股首批试点企业的九方面内容

2014年，上海市出台了《关于推进本市国有企业积极发展混合所有制经济的若干意见(试行)》提出：经3—5年推进，基本完成公司制改革，实现股权多元化，发展混合所有制经济。为此，上海市提出了三条改革主线(见表6-3)。

1. 推进公司制股份制改革

上海市国有企业混合所有制改革的初期是以重组与上市的国有资产证券化为主的。推动有条件的企业集团整体上市；推动国有控股上市公司整合功能类和公共服务类企业竞争性业务资产及竞争类企业主营业务资产，提高证券化水平；试点设立优先股，探索建立特殊管理股制度；加快国有企业公司制股份制改革，实现投资主体多元化。截至2013年底，上海市共有上港集团、上汽集团、上海建工集团、交运集团等4家企业实现整体上市。2015年，绿地集团通过实施三步走的战略实现了整体上市。其三步走战略为“引进战略投资者——实施职工持股——借壳金丰投资”。绿地集团以66.73亿元借壳金丰投资上市，成为上海第一家通过借壳上市进行混合所有制改革的企业。此外，上海城建集团通过将其资

❶巩娜：地方国有企业混合所有制改革模式、路径及政策建议，《经济体制改革》，2018年第5期，第102页。

产注入上市公司平台隧道股份实现上市，现代设计集团借壳棱光实业实现上市。2016年，上海华谊拟向中国文发集团协议转让三爱富股份（占目标公司总股本的20%），通过借壳三爱富，实现国有资本上市。至此，上海国有企业集团整体上市企业已有8家。

2. 加快市场化联合重组

重点是国有企业引进战略投资者。支持国有企业与各类所有制企业双向联合重组，其实现方式主要包括合资合作、战略联盟等方式；通过产权、证券等市场引入各类投资主体参与国有企业改制重组，出资可用实物或货币等法律法规允许方式；引入私募股权投资、风险投资等非国有资本，通过特许经营等方式参股国有资本投资的运营项目，支持基础设施建设和公用事业发展；鼓励非公有制企业参与国有企业改革，发展非公有资本控股的混合所有制企业，在企业经营管理中积极发挥作用。东浩兰生集团是上海市首家进行国资国企改革的企业。2013年12月，兰生集团权益转至东浩集团合并重组之后的东浩兰生集团，已发展成为一家国有大型现代服务业企业集团，下设外服、国贸、会展和置业四大产业集团。作为中国最大的多元化全业态零售集团的百联集团，2017年2月20日与阿里巴巴集团达成战略合作，两家企业将基于大数据等六大领域展开合作。上海市除了借壳上市与改革重组外，2015年还分别成立了上海国盛、上海国际两大国资流动平台，频繁进行股权划转，涉及包括申达股份等多家上市公司。

表6-3　上海市属国有企业混合所有制改革模式与路径分析

企业名称	经营范围	改革时间	改革模式	改革实现路径
上海东浩兰生国际服务贸易（集团）有限公司	服务业	2013年	兼并重组	兰生集团与东浩集团的合并
上海绿地集团	房地产	2015年	借壳上市	借壳金丰投资
上海华谊（集团）公司	化工	2016年	借壳上市	借壳三爱富，国有资产实现上市
上海国际港务集团股份有限公司	港务	2014年	员工持股计划	参与员工超过1.6万人；员工持股占集团总股份的1.8%
上海汽车集团股份有限公司	汽车	2017年	引入外部投资者（员工持股）	非公开发行股票引入外部投资者，并进行员工持股计划
上海百联集团股份有限公司	商贸流通	2017年	引入战略投资者	引入战略投资，提高质量，拓展业务

3. 实施股权激励和员工持股

重点是员工持股计划的实施。混合所有制企业按国家规定探索实施员工持股。对整体上市企业集团实施股权激励，其激励对象为经营者、技术管理骨干；对符合条件的竞争类企业集团及下属企业实施股权激励，前提条件是完成公司制股份制改革；对国有转制科研院所、高新技术企业实施股权和分红激励，激励对象为重要的技术和经营管理人员。相关企业在实施股权激励的同时，应建立约束机制和托底机制。其中约束机制包括财务审计、业绩挂钩和延期支付等机制；托底机制包括工资集体协商、职工收入正常增长和困难职工帮困等机制。2014 年上港集团推出员工持股计划，成为上海市首家实施员工持股计划实施混合所有制改革的国有企业，其员工参与度达 72%。2017 年上汽集团非公开发行股票 6.58 亿股，其中员工持股计划 0.48 亿股，占发行总量的 7.36%。

由此可见，上海市较早启动了国有企业混合所有制改革，国有企业改革的模式与路径非常明确，主要路径为上市、引进战略投资者及员工持股等。

（二）江西省国有企业混合所有制改革模式与路径选择

江西省国有企业混合所有制改革中，积极探索了以增资扩股、战略重组、引入战略投资者、员工持股和股改上市等多种改革模式相结合的方式，形成了中国瑞林、江西建工集团、江盐集团、江咨集团以及江钨控股集团公司等“混改样本”（详见表 6-4）。

表 6-4 江西省国有企业混合所有制改革模式与路径分析

公司名称	所属	经营范围	改革时间	改革模式	改革路径
中国瑞林工程技术公司	江西省国资委	勘察设计	2007 年	员工持股计划	专业技术人才和管理骨干持股占 49%股权
江西建工集团	江西省国资委	建筑	2010 年	员工持股+战略投资者+上市	2010 年开始股权多元化，2015 年开始集团整体上市
江西省盐业集团公司	江西省国资委	盐业	2015 年	增资扩股+引入战略投资者+员工持股	引进 4 家战略投资者，并实施经营层与核心骨干员工持股，持股比例为 5.93%
江西省咨询投资集团有限公司	江西省国资委	招标咨询	2016 年	增资扩股+引入战略投资者	引入华东建筑集团股份有限公司和北京大象投资集团公司两家战略投资者
江西省稀有金属钨业控股集团有限公司	江西省国资委	钨业	2016 年	战略重组	以省国控公司为平台，回购五矿有色持有的江钨有限 51%股权

1. 中国瑞林的员工持股计划

该公司是江西省第一家进行国企改革的企业，2007 年该公司开始试行员工持股计划，其中管理骨干以及专业技术人员的持股占 49%股权。该公司制定并通过了《员工预留股转让细则》和《虚拟股管理暂行办法》等制度，并有效执行员工股权变动政策，实现了员工股权按“股随岗设，岗变股变，人离股转”的激励政策的轮动，激发了员工工作热情。

2. 江西建工集团的“员工持股+战略投资者+上市”的改革模式

在国有控股的前提下，江西建工集团引入员工持股，由其母子公司两级高管、管理层、技术骨干组建投资公司(该公司为民营性质)投资该集团，使管理团队间接持有该集团的股份；之后引入战略投资者，江西省国资委牵头与台湾汉唐以及江西益合(集团两级经营管理团队出资组建的民营投资公司)三方出资组建成立江西省建工集团有限责任公司，该企业是国有控股企业。最后，江西建工集团有限责任公司谋求集团整体上市，启动资本证券化。

3. 江西省盐业集团的“增资扩股+引入战略投资者+员工持股”模式

通过增资扩股，江西省盐业集团引进多家战略投资者，并同时对专业骨干员工实施员工持股计划，经营层与骨干员工持股比例为 5.93%。江西省盐业集团实施公司制改造后，江西省国资委仍为第一大股东，其持股比例为 46.92%。

4. 江西省咨询投资集团的“增资扩股+引入战略投资者”模式

该集团积极推进集团层面混合所有制改革并开展租赁公司增资扩股和咨询板块整合重组等工作。2017 年 3 月，引入华东建筑集团(国有控股上市公司)和北京大象投资集团(民营企业)两家战略投资者，分别占股 34%和 14%，引进资本金超 2 亿元。

5. 江西钨业集团采用战略重组的方式进行国企改革

2003 年，江西稀有稀土金属钨业集团有限公司(以下简称江钨集团)拿出部分资产与中国五矿有色金属股份有限公司合资组建江西钨业集团有限公司(以下简称江钨有限)，便有了江钨集团和江钨有限两个集团、两个总部机关，企业经营效率低下。2016 年，以江西省省属国有企业资产经营(控股)有限公司为平台，回购中国五矿有色金属股份有限公司持有的江钨有限 51%股权；2016 年 4 月，原江钨控股和江钨有限两个集团合并为江西钨业控股集团有限公司。

由此可见，江西省国有企业混合所有制改革十分注意配套政策的出台，采取打造样板、参照样板的做法。改革中，灵活运用多种改革模式和路径、多管齐下的改革做法，保证了江西省国有企业混合所有制改革的顺利实施。

(三) 山东省国有企业混合所有制改革模式与路径选择

山东省国有企业混合所有制改革主要采取“出政策，选试点，放权限”的方式积极推进。出政策就是山东省出台了《关于省属国有企业发展混合所有制经济的意见》及 4 份配套文件即“1+4”混改政策体系。选试点就是山东省选择了 58 户省管二级及重要权属企业作为试点企业，其试点的范围比较大。放权限是指山东省国资委对国有企业混合所有制改革方案只备案不审批，将审批权限下放一级企业集团，放手让一级企业集团采取一企一策分类改革方式，积极推进混合所有制改革。

2015 年 12 月，山东省国资委启动了 58 户试点企业的混合所有制改革工作。山东省国资委在选择试点企业中坚持了“两个优先”原则，即条件好的中小企业优先；有条件的暂困企业优先。试点企业还需具备一些基本条件包括：企业的管理层和职工有较强的改革意愿；企业的治理结构、市场、产权、管理等条件较好，有成长空间和竞争力；板块业务相对独立等。试点企业的重点为省管二级及重要权属企业。

山东省主要采取了 7 项措施保障国有企业混合所有制改革有序推进[1]。

1. 一企一策分类实施

山东省省管二级及重要企业混合所有制改革方案由各企业根据自身实际，按一企一策原则制定。改革方案报一级企业审批，并报山东省国资委备案。在获得一级企业审批同意后，改革方案便可组织实施。山东省国资委在企业混合所有制改革中起到指导、督办作用，指导企业制定方案、健全责任、落实机制，要求企业做到“五个明确”，即明确目标、事项、措施、责任、奖惩。定期调研试点情况，掌握进度，及时发现解决问题，督促企业优化方案、抓紧落实方案。

2. 优先引入战略投资者

山东省对混合所有制改革企业提出了优先引进战略投资者，推动技术、管理、模式和业态创新的要求。产业类企业需考虑产业布局、产品关联度、发展战略等方面内容，同时还需考虑其核心技术在行业内的地位等情况；资本运营类企业需考虑管理模式和发展理念，同时还需考虑资本运营能力和投融资能力。

3. 设计保护股东权益的制度

2017 年，山东省出台了《关于省属国有企业混合所有制改革发挥中小股东作用的指导意见》。该《指导意见》设计了保护股东特别是中小股东权益的制度，包括治理结构、创新机制、运营效率、发展活力等方面的制度安排。这促使部分试点企业更加注重保障中小股东依投资比例或协议约定享受权益等权利。

4. 明确员工持股原则

山东省制定了员工持股各方面的规定，在此规定下，明确山东省员工持股试

[1] 项安波：国企混改山东样本探析，《经济日报》，2018 年 1 月 4 日第 15 版。

点企业员工持股的一些基本要求：持股范围为骨干员工，入股原则为自愿原则，出资方式为自行筹措现金出资，持股方式为组建合伙制企业持股，持股锁定期为不少于 36 个月，股权调整机制为动态调整机制。

5. 树标杆企业以点促面

山东省将山东交运集团混合所有制改革方案作为可借鉴、可参考的样本，为其他企业提供了示范。在标杆企业示范作用下，一批条件较好的中小企业率先改革，其改革成效激发了省属企业改革积极性。

6. 搞好配套机制保障

山东省发起设立了山东国惠改革发展基金，基金规模为 200 亿元，支持国有企业混合所有制改革；搭建了 4 个信息发布平台，如山东省国资委、山东产权交易中心等，打造公平公开公正交易环境；组织专家团队定期指导企业混合所有制改革工作。

7. 建立容错机制

2015 年，山东省《关于支持和鼓励省管企业改革创新建立考核免责机制的意见》规定了免责的范围及条件、认定程序等内容，同时健全和完善了资料报备、澄清保护、跟踪纠错等配套工作机制和保障措施。

二、国有企业混合所有制改革实践

（一）中国联通引进战略投资者实现混合所有制改革

中国联通是中央企业第一家从集团层面实施混合所有制改革的企业，各项改革方案较完善，且方案实施后效果显著，对我国国有企业混合所有制改革有很强的借鉴意义。

中国联合网络通信集团有限公司（简称“联通集团”）于 2009 年 1 月合并组建而成，是国务院国资委出资的中央企业，是当时中国唯一一家在港、沪以及纽约三地上市的电信运营企业，连续十年入选“世界 500 强企业”，2018 年位列第 273 位。截至 2018 年末，中国联通资产总额为 5417.62 亿元，实现营业收入 2908.77 亿元，同比增长 5.84%；实现利润总额 120.75 亿元，同比增长 407.78%。

2017 年 8 月，联通集团下属 A 股上市公司中国联合网络通信股份有限公司（以下简称“中国联通”）正式披露中国联通混合所有制改革试点方案总体思路和拟改革内容要点。改革的总体思路是：引入境内投资者投资，境内投资者可为其他国有和非国有资本。转让部分股权给境内投资者，降低国有股权比例。同时健全企业制度和公司治理机制，聚焦主业，创新商业模式，提高企业效率和竞争能力。改革内容：采用非公开发行和老股转让相结合，引入行业领先、有协同效应的战略投资者，如中国人寿、阿里巴巴、中国国有企业结构调整基金等企业。

2017 年 8 月 16 日，中国联通的子公司联通运营公司在京与各战略投资者签订了战略合作框架协议，战略投资者分别为腾讯、百度、阿里巴巴、京东等企业[1]。

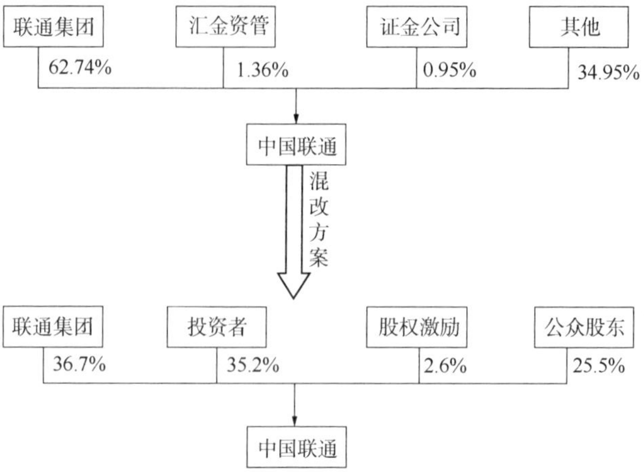

图 6-1　中国联通混改前后股权结构图

混合所有制改革前中国联通总股本为约 211. 97 亿股。改革中，中国联通拟非公开发行不超过 90. 37 亿股约 617. 25 亿元的股份引进战略投资者；联通集团协议转让 19 亿股约 129. 75 亿元公司股票给战略投资者；首期授予不超过 8. 48 亿股约 32. 13 亿元限制性股票给核心员工。交易全部完成后，联通集团和新引入的战略投资者持股比例相当，联通集团略高约 1. 5 个百分点，持有中国联通的股份比例分别为 36. 67%、35. 19%，形成混合所有制多元化股权结构(见图 6-1)。

从混改方案显示的控股情况来看，混改前联通集团持股 62. 74%，混改后联通集团合计持有公司约 36. 67%股份，中国人寿持股 10. 22%，结构调整基金持股 6. 11%，腾讯信达持股 5. 18%，百度鹏寰持股 3. 30%，京东三弘持股 2. 36%，阿里创投持股 2. 04%，苏宁云商、光启互联及淮海方舟均持股 1. 88%，兴全基金持股 0. 33%。由此可见，具有国资背景的联通集团、中国人寿、结构调整基金合计控股 53%。

混合所有制改革后新增了 13 名董事会成员，其中独立董事 5 名，非独立董事 8 人。在非独立董事 8 人中，有 3 人来自中国联通，另外 5 人来自战略投资者。

通过混合所有制改革，中国联通解决了治理不优、机制不活、激励不够、创新不足等问题，经营业绩实现了翻转，市场竞争力进一步增强，初步实现了“完善治理、强化激励、突出主业、提高效率”的总要求。具体而言，中国联通实现了“四个变化”：

---

[1] 中国联通发布混合所有制改革总体方案，http://www.c114.com.cn/news/119/a1020806.html。

一是实现了股权结构的变化，由国有绝对控股向国有相对控股转变，探索了国有相对控股混合所有制企业的差异化管控模式。

二是实现了战略及业务发展的变化，战略投资者的引入与公司战略及业务发展适配。中国联通混合所有制改革中引入腾讯、百度、阿里巴巴、京东四大互联网巨头作为战略股东，还引入苏宁云商、用友网络、网宿科技、宜通世纪等A股互联网领域的上市公司，与联通主业关联度高互补性强，能促进联通主业的发展，其战略投资者的选择上具有代表意义。

三是实现了公司法人治理结构的变化，法人治理结构更完善了。其董事会构成充分体现了中小股东的意志，更充分吸纳了外部董事，治理结构更合理。

四是实现了激励约束机制的变化，中国联通通过混合所有制改革全面启动了“瘦身计划”，其总部部门减少了1/3，各级管理机构减少了25.7%，总部人员编制精简了一半有余，由1787人减为891人。同时有序实施员工限制性股票激励计划，股权激励对象包括董秘、财务负责人，其他7853人为公司中层管理人员、核心管理人才及专业人才，提高了核心员工士气。

（二）金隅集团探索一级企业整体上市

金隅集团前身为北京市建筑材料工业局。在历经企业化、集团化、股份化、证券化等“四化”改革后，金隅集团已发展成为一家大型国有产业集团，属北京市国资委监管的一级企业。2016年底成功实现整体上市。金隅集团的产业主要涉及新型绿色环保建材、房地产开发经营、物业管理等，拥有金隅股份等3家上市公司。截至2018年底，金隅集团资产总额2682.76亿元，营业收入831.17亿元，员工52498人。位列2017年中国企业500强第204位，中国最具价值品牌500强榜单第69位。

金隅集团为实现整体上市目标，提前谋划改革方案，创新改革思路，做好做足了各项工作❶。

一是提前做足准备。为做好金隅集团整体上市工作，金隅集团通过主业资产首发上市以及后续的资产注入，将其98.6%的经营性资产和大多数员工装入上市公司金隅股份，奠定了金隅集团整体上市的坚实基础。二是创新改革思路。将金隅集团持有的金隅股份无偿划转北京国有资本经营管理中心（为北京市国资委下属国有资本运营与股权管理平台），将金隅股份提升为北京市属一级企业管理。将金隅集团部分未上市资产处置和人员安置工作委托金隅股份进行过渡管理。三是统筹谋划方案。在对资产、业务、人员及各类问题反复研究后，统筹制定了金

❶国务院国资委改革办：国企改革探索与实践——地方国有企业100例（下），第299页，北京：中国经济出版社，2018。

隅集团整体上市方案：将金隅集团未上市经营性资产全部注入金隅股份；职工安置遵守“人随资产、业务走”原则，剩余职工由金隅股份负责安置；将金隅集团非经营性资产包括所属学校、职工宿舍等进行剥离，并移交给属地政府或相关单位，争取将离退休人员移交属地社会化管理。四是分类处置资产。对未上市经营性房产土地及相关业务分两种情况解决：对部分已办理出让手续且权证齐全的房地资产，采取金隅股份直接收购方式；对手续和权证不齐的房产土地等资产，采取先行集中到金隅集团某全资子公司，由其办理权证及出让手续，待权证及出让手续办理完成后，由金隅股份收购该全资子公司。对非经营性资产采取了移交、划转、收购等三种处置方式。对家属宿舍区、附属设施和未房改职工住宅等非经营性资产，采取移交北京房地集团方式处置；对北京金隅科技学校等企业办社会资产，采取划归北京市教育系统方式处置；对金隅集团党校等企业办社会资产，采取由金隅股份收购方式处置。对金隅集团持有的其他企业股权采取对外转让、金隅股份购买等方式进行处置。对金隅集团其余资产和负债采取继续保留不做处置方式，用于支付金隅集团承担的各项费用等，若存在不足，由金隅股份的股权分红解决。

2016 年底，北京国有资本经营管理中心持有金隅股份 44.93%的股权而成为控股股东，金隅集团整体上市工作基本完成，取得了明显成效。

(三) 湖北某商贸国有控股集团有限公司混改三模式

湖北某商贸国有控股集团有限公司(以下简称商控集团)成立于 2000 年，是湖北某市国资委出资企业，其主业为国有资本营运和对外投资。现有权属企业 23 家，多为混合所有制企业，资产总额 127 亿元。集团系统职工 1.8 万人，经营业务涉及综合物流、商业贸易、生化制药、投资、金融、房地产等诸多经营领域。2017 年商控集团实现主营业务收入 59 亿元，实现利润 4.7 亿元，与上年同比均保持两位数的增长。商控集团作为某市重要的国有投资运营公司，自成立以来始终坚持推进传统国有企业混合所有制改造，大胆探索国有资本与民营资本混合经营的新模式，连续 11 年进入中国物流企业 50 强(排名前 30 名)，是湖北省首批国家 5A 级物流企业、湖北省重点物流企业，在湖北省物流企业中排名第一。

商控集团积极引入其他国有资本或各类非国有资本实现股权多元化，采取相对控股+经营层操盘、相对控股+民营操盘、参股+民营操盘等三种方式，因企施策，实现有序进退。

1. 以相对控股+经营层操盘进行混合所有制改革

对传统商贸领域的中小企业，商控集团不求绝对控股，将国有股权比重一般保持在 34%—40%之间(特殊情况下占 50%)，拥有否决权，确保商控集团参与企业重大决策，增强国有资本的影响力。如商业储运公司改制前是一家传统的国有商业储运企业，2001 年国有股占比 81.22%，职工持股会占比 18.78%。2003 年 6 月，商业储运公司缩减注册资本，由国有控股变为国有参股，国有股占比 22%，职工持股会占 78%。2009 年 6 月，商控集团对其增资扩股，国有资本占比 40%。2008 年，商业储运公司以 2 台旧车加入轿车运输市场。经过十年发展，2017 年运输商品车 43 万辆，收入突破 6 亿元，利润超过 4000 万元，轿运公路运输规模跃居全国十强。全年新增基地面积 350 亩，仓储设施 6 万平方米，引进东软睿驰新能源汽车电池包节能环保项目和京东商城项目，快速切入新能源和电商领域。

2. 以相对控股+民营操盘进行混合所有制改革

对市场发展前景好，但自有投资能力有限的企业，商控集团引入战略投资者进行外部嫁接改造。长联来福公司是一家集国有资本、民营资本、外资于一体的混合所有制企业，商控集团占股 27.66%，是第一大股东。长联来福公司是集外资先进生产科研技术和中国传统生物制药为一体的高新技术企业，是国内冻干粉针剂制药生产领域领先企业，年生产冻干粉针剂 5 亿瓶以上。2015 年 11 月，长联来福正式登陆“新三板”。2017 年 5 月，长联来福收购了央企控股的航天杜勒制药，丰富了产品结构，储备了发展资源。

3. 以参股+民营操盘进行混改

对于市场化程度较高、历史包袱较重的企业，国有股退出控股地位。商控集团通过某肉联参股万吨冷链，国有股占比 25%。肉联万吨已经形成了覆盖武汉、重庆和昆明等西南地区的冷库群和大型冷库批发市场，冷库容量突破 25 万吨，成为国内规模最大的冷链产业集群。

通过多种模式“混改”，商控集团与本地民间资本、外来资本、央企和其他经济成分合作，形成了多元投资主体。权属企业由最初的 55 家减少到 23 家，推动了优势资源向龙头企业、优势行业聚集，提升了企业的经营实力、发展潜力和市场竞争力。

（四）广州无线电集团有限公司“上市+员工持股”混改

广州无线电集团有限公司（以下简称广电集团）是广州市国资委出资企业，其前身为国营广州无线电厂，建于 1956 年，是我国早期部署的军工电子骨干企业之一。广电集团打造了行业人工智能等高端高科技制造业板块，以及公共安全、金融服务外包等高端现代服务业板块和科技孵化与加速、新兴产业园投资等领域。2016 年，广电集团资产总额 311 亿元，净资产 176 亿元，营业收入 136 亿元，利润总额 17 亿元。

1. 推行员工持股

为全面建立与市场经济相适应的创新机制，广电集团在主要骨干企业中推行员工持股。1998 年 12 月，将下属 3 家军工单位，整合成独立运营的军工通信总公司；2000 年 8 月，军工通信总公司通过“混改”转制为广州海格通信有限公司，形成了广电集团控股、经营管理骨干入股的混合所有制股权结构。2002 年 1 月，广电运通 48 名经营骨干成功受让广电集团所持部分股份，在保持广电集团控股的前提下，完成了混合所有制改革。2003 年 9 月，广电物业以增资扩股方式实施混合所有制改革，员工骨干通过现金出资持有 15%的广电物业股份。2009 年，广电计量在广州产权交易所挂牌交易，核心员工通过现金出资，以增资扩股方式实施“混改”。至此，广电集团下属 4 家二级企业全部完成了混合所有制改革[1]。

2. 打造上市平台

广电集团积极把握资本市场的发展机遇，着力打造上市平台，逐渐摸索并构建“实业+资本”双轮驱动发展模式。截至 2016 年底，广电运通和海格通信累计从资本市场募集资金 81.5 亿元。2007 年，广电运通在深交所上市。2010 年，海格通信成功登录 A 股，成为国内军工行业第一家军工业务整体 IPO 上市的军工企业，募集资金总额 32.3 亿元，成为当时广州市 60 家已上市公司中募集资金最多的企业。2015 年，广电计量积极谋划并顺利在新三板挂牌，成为广州市国资系统首家登陆新三板的企业，同时充分利用新三板快速融资机制，定向增发 3.5 亿元，加速推进了全国布局和规模扩张，连续 3 年保持营业收入和利润增长 50%以上的良好势头，随后全面启动转板上市工作，IPO 申报已于 2017 年第三季度获得中国证监会受理。

3. 实施“二次”混改——员工持股计划

为激发企业发展活力，加大新进骨干成员的激励力度，广电集团再次实施员工持股计划，继续推进下属企业的混合所有制改革。2014 年底，海格通信发布非公开增发公告，向广电集团增发 4500 万股、海格通信管理层及骨干员工增发 3000 万股，是证监会推出非公开发行新政后，广州市国资系统内第一家推出员工持股计划的上市公司。2015 年，广电运通推行非公开发行股票暨员工持股计划，发行 1.8 亿股，募集资金 31.4 亿元，员工通过持股计划间接成为广电运通股东，建立了员工与企业利益共享机制。广电集团通过员工持股计划，使员工持股人数提高到 2000—3000 人，激励人员大幅增加，为企业可持续发展增加了动力和活力。

4. 积极投资入股非国有企业

广电集团积极利用产业并购撬动产业链上下游资源，拓展进入战略性新领

[1] 国务院国资委改革办：国企改革探索与实践——地方国有企业 100 例(下)，第 316—319 页，北京：中国经济出版社，2018。

域，实现价值链的挖掘和商业模式的创新。广电运通利用定增募资收购 20 多家武装押运公司，布局金融外包服务、智能银行与现金清分设备、移动互联网金融与支付业务、环保工业园等领域。海格通信利用超募基金，大力推动军民融合发展，并购了怡创科技、摩诘创新、驰达飞机等“民用”企业，战略性布局模拟仿真、频谱管理、数字集群、卫星通信、通信服务等新兴产业。

广电集团在实施混合所有制改革过程中，始终坚持准确把握国有企业改革的政策机遇，以公众公司为导向，打造多层次的资本运作平台，通过有限的国有资本吸纳、带动、激活了大量的社会资本，形成了与民营企业互融共赢的发展格局。

第三节　相关结论

由以上分析可以看出，中国情境下的国有企业混合所有制改革，要实现混合所有制改革目标必须精心设计，各地应因地制宜，各企业应一企一策选择有效的实现路径。较为理性的选择是：基于中国情境，因企施策，选择易释放发展动力、能激发创新活力、改革阻力又相对较小的方式切入，稳步推进。从实践看，当前混合所有制改革的主要方式包括上市、投资收购或组建国有资本投资平台等，而在集团层面推动所有权结构变革的需审慎推进。这正充分体现了中国成功选择由易到难的渐进式改革道路的正确性。

一、因地制宜，制定混合所有制改革方案

通过对比上海市、江西省、山东三省市的案例可以发现，相对而言，东南地区省市经济较为发达，市场化进程较快，相关的制度法规也比较健全，这些省市国有企业改革的时间也较早，有较灵活的改革的路径与模式。上海市利用国家金融中心平台优势，不管采取何种改革模式如引进战略投资者、国有资产证券化等，都易吸引较多的投资者参与，能较快实施改革方案；江西省同样有良好的经济基础，其经济运行质量等指标均超全国平均水平。江西省政府根据自身特点明确提出打造“江西样板”的政策与路径，先试点后推广，针对不同的国有企业，灵活运用增资扩股、战略重组、引入战略投资者、员工持股和股改上市等多种改革模式相结合的方式提出国有企业改革的方案。山东省国有企业混合所有制改革主要采取“出政策，选试点，放权限”的方式积极推进，即出台“1+4”混改政策体系，选择 58 户省管二级及重要权属企业开展混合所有制改革试点，下放审批权限，由一级公司审批，山东省国资委只备案不审批。

二、因企施策，多方式推进混合所有制改革

国有企业混合所有制改革的方式有很多，主要包括：公开上市、双向投资、成立国企改革基金、员工持股等。一是采用上市方式推进混合所有制改革。首次上市企业面向全社会发行股票，自然引入非公有资本混合。上市是国有资产资本化的重要途径，在促使企业完善公司治理结构，改进信息披露与规范管理等方面有着良好预期；同时通过公开上市，或在已上市公司中实施定向增发等措施来推动改革所受的阻力相对较小。二是通过“内引外投”双向投资推进混合所有制改革。“内引”是指引入非公有资本战略投资者参与改革。引入非公有资本可改变国有企业股权结构，引入战略投资者如中国联通引入百度、阿里巴巴等则可以在经营机制、商业模式、公司治理等方面实施一系列积极变革。“外投”则主要指国有资本以兼并重组或新设企业的方式投资于具有良好发展前景的非国有企业。其目的或是想增强企业现有业务能力，或是谋求占领新兴市场、优化资本布局，抑或是希望实现互补发展，而被兼并企业或新设企业则成为多元投资主体，以混合所有制企业的形式参与市场竞争。三是成立改革基金或投资运营公司推动混合所有制改革。成立国有资本投资运营公司，一方面可将国有资本集中于专业团队运作，提高“外投”效率，优化资本布局；另一方面，可以阻隔国资监管机构对企业经营的直接干预。而国企改革基金由国有资本牵头，吸纳非公有资本共同设立，可放大国有资本的杠杆效应，并拓宽社会资本的投资渠道，增强非公有资本参与改革的兴趣。以基金的形式投资改革项目也有利于投资者分散投资风险。四是实施员工持股推动混合所有制改革。员工持股作为一项激励制度，运用得当可促进员工与企业间的激励相容，有助于国有企业实现股权多元化和治理改善。2016 年国务院国资委《关于国有控股混合所有制企业开展员工持股试点的意见》对员工持股的要求非常严格，如参与员工持股试点的企业范围被限制在处于充分竞争领域内的混合所有制企业，且试点层面限制在二级企业以下，严格执行“增量引入、利益绑定”，员工主要以自有资金购买股份（少数可以以科技成果入股）等。

三、重在细节，筹划实施改革方案

地方国有企业改革时，首先应明确最适合企业改革的模式。在改革模式确定后，应明确实施改革目标需选择的路径，是分步实施还是整体推进，哪些步骤是必需的，哪些步骤可以同时推进，改革过程中应做哪些事项，这些都需要提前考虑好。在改革不同阶段要有相应的重点，积极稳妥推进。地方国有企业改革时，

应建立与市场经济相适应的内部管理机制，构建现代企业制度，完善法人治理结构。地方国有企业改革时，应充分考虑国有资本与民营资本的融合问题，注重文化融合、机制融合、技术融合、人才融合等，通过融合提升效率，实现改革目的。在地方国有企业混合所有制改革中，引入战略投资者是常见模式，但在如何引、怎么引、引哪些等方面必须考虑清楚，若考虑不清，则引入战略投资者的作用难以发挥，起不到应有的作用。在实施员工持股计划时，也应仔细考虑激励范围、激励对象、持股目的、持股限额、实施时间等方面内容。

四、区分类别，有针对性地实施改革

中央企业与地方国有企业在混合所有制改革推进思路与策略上有所不同。中央企业多居于国民经济关键领域，是国有经济的支柱，在新的经济环境下承担着引导经济结构调整，实现创新发展的重任。中央企业在混合所有制改革过程中应更注重强强联合，引入战略投资者模式，采用以对外投资、兼并为主的扩张方式，并通过混合所有制改革配合推进其他领域的改革。中央企业不以“混合”为主要目的，而是将此次改革作为完成其他重要任务的新契机或新模式，推动集团公司改善治理还需设计更有效率的体制机制。当前与地方国有企业混合所有制改革“相伴而行”的是“去产能”下的中小企业退出。改革的经验告知我们，并不是所有的企业都适合混合所有制改革，处于技术落后、产能过剩行业中的“低能低效”中小型国企要关停退出，自然不会纳入混合所有制改革的范围；也并不是所有的企业都只能退出，本身具有竞争优势的企业，特别是地方国有企业，应尊重市场原则，鼓励其在市场中竞争、拼搏，而不能强制其按政策规定做。企业做不做得好，体制机制是一方面，但关键还是在人，包括管理、运营和监督。

第七章

黄石市国有企业混合所有制改革的基本思路及政策建议

国有企业混合所有制改革是国有企业改革传统的延续，其中包含着对改革历史的肯定和继承；改革还是对既往实践的深入，是在对现实重新认识基础上的一次全新探索❶。不断增强国有企业的活力、控制力、影响力是国有企业改革发展的出发点和归属点。国有企业混合所有制改革的目的是转换机制，改善治理，放大功能，提高效率，实现共同发展。国有企业混合所有制改革是现阶段我国经济体制改革的关键路径，所肩负的也只是国有企业当前的阶段性任务，未来为寻找动力和可能的需要，国有企业改革永远在路上。

第一节　黄石市国有企业混合所有制改革的基本思路

不谋万世者，不足谋一时；不谋全局者，不足谋一域。黄石市国有企业混合所有制改革若想持续立于不败之地，就需要将改革与发展相统一，在改革中发展，在发展中改革。推进国有企业混合所有制改革，发展混合所有制经济，必须始终坚持基本经济制度，维护公有制经济的主体地位，着眼于做强做优做大国有企业，着眼于实现公有制经济与其他所有制经济双赢或多赢❷。

一、黄石市国有企业混合所有制改革的基本原则

国有企业混合所有制改革是一项涉及生产关系层面的深度变革，是一项复杂的系统工程，涉及既有利益格局的调整和利益分配机制的重构，也涉及经济社会的发展稳定，需积极稳妥推进。黄石市在推进混合所有制改革过程中，必须坚持

---

❶宋文阁、刘福东：混合所有制的逻辑——新常态下的国企改革和民企机遇，第 297 页，北京：中华工商联合出版社，2014。

❷付钦太：国有企业混合所有制改革的价值取向与基本思路，《学习论坛》，2017 年第 11 期，第 38 页。

习近平新时代中国特色社会主义思想为指引，深入贯彻落实党的十八大、十八届三中全会、十九大会议精神，全面落实党中央、国务院关于国有企业改革的决策部署和省市委、省市政府关于国有企业改革发展要求，坚持以公有制为主体的基本经济制度，以推进企业上市、引进各类社会资本参与国有企业改革、实施员工持股、投资参与非公有制经济发展为主要实现形式，积极稳妥发展国有、集体、非公有资本交叉持股、相互融合的混合所有制经济，进一步提升资本价值的创造力，完善治理结构，激发发展活力。

黄石市国有企业混合所有制改革必须坚持以下基本原则：

（一）坚持基本经济制度

在设计方案时须严守基本经济制度。在国有企业混合所有制改革进程中，必须始终坚持“两个毫不动摇”。有观点认为，黄石市的国有企业大多不在国家所列的重要行业和关键领域，其地位和作用也没有中央企业的地位和作用那么明显，没必要保持国有经济的控制力、影响力和带动力，国有企业也就可有可无了。这种观点严重影响了地方国有企业改革发展，长此以往，将危及中国特色社会主义基本经济制度。倘若地方都没有国有企业了，仅剩中央企业，那我们拿什么来保障公有制主体地位，发挥国有经济主导作用？地方国有企业对地方经济发展与稳定起着重要的支撑作用，地方国有经济不能一味地退，而应在退的同时考虑合理地进，只是退与进的行业与领域不同，唯有如此，才能确保地方经济社会发展稳定，才能巩固公有制经济的主导地位。

（二）坚持做强做优做大国有企业

深化国有企业改革的最终目的是要做强做优做大国有企业，不断增强国有企业的抗风险能力、控制力和影响力。须坚持“三个有利于”的标准即有利于发展社会主义社会的生产力、有利于提高人民的生活水平、有利于增强社会主义国家的综合国力。

（三）坚持市场运作

遵循市场规律，充分发挥企业的市场主体作用。就是要改变当前“政企不分”“政资不分”的局面，使企业决策由行政指令性计划转变为按市场经济规律办事，让市场决定资源配置。同时发挥好政府作用。

（四）坚持增量优先

优先以增量方式融合各类社会资本，同时撬动存量、放开项目，激发国有资本活力，增强国有资本的控制力和影响力。首先，黄石市存量国有资产均处于各种提供公共产品和服务的领域，其产品和服务为黄石市民共享，若降低存量国有资产的股份，必然会减少黄石市民福利，动存量就相当于动黄石市民的奶酪。其次，黄石市存量国有资产是黄石市实施经济调控政策的基石，是确保黄石市经济稳定发展的基础。若黄石市存量国有资产开始混合所有制改革，必然会使黄石市调控经济的“国企杠杆”变得不好使，甚至完全失灵。再次，增量相对于存量而言，涉及的利益主体相对较少，操作相对简单。因此，必须坚持“增量优先”的原则。

（五）坚持积极稳妥推进

致力于引进战略投资者，充分考虑企业实际，因企施策，宜改则改。坚持稳妥推进，避免一哄而上，做到成熟一家推进一家，逐步积累经验，严控风险。强调区分国有企业的功能定位，结合其战略规划和具体实际，以及所处行业特点、发展趋势，明确发展混合所有制经济的目标。

（六）坚持依法合规操作

履行法定程序，规范操作流程，维护相关利益主体合法权益。坚持公开、透明、规范，持续操作。健全交易规则与制度，完善交易程序、机制和流程，做到规则、过程、结果“三公开”。严把改革方案审批、财务审计、资产评估、法律意见、公开交易、资金支付等关键环节，强化主体和过程监管，防止各类不当行为发生。要建立科学资产定价机制，公平公允确定价格，防止贱卖，确保国有资产不流失。

二、黄石市国有企业混合所有制改革的基本思路

黄石市国有企业混合所有制改革的核心思路为：因企制宜，分层分类改革；各类资本参与，健全治理机制，依法合规操作❶。

（一）因企制宜，分层分类改革

结合黄石市国有企业融资条件和内部治理结构的禀赋差异，合理设定国有股权比例、股权结构，分类分层推进黄石市国有企业混合所有制改革（见表7-1）。

（1）拟组建国有资本投资运营公司的黄石市城市发展投资集团有限公司和承担特定职能的特殊功能类企业，在一级公司层面原则上保持国有独资，如需合资，需报黄石市国资监管部门批准。

（2）承担重大专项任务的商业类企业，黄石市交通投资集团有限公司、黄石市众邦城市住房投资有限公司，在保持国有控股地位的前提下，可以实行股权多元化，并支持各类社会资本通过PPP模式投资或参股。

（3）对承担一定促进区域经济发展功能的企业，黄石市国有资产经营有限公

❶国家发展改革委体改司：国企混改面对面——发展混合所有制经济政策解读，第6—11页，北京：人民出版社，2015。

司、黄石市港务集团有限公司、黄石市金安集团有限公司、黄石市担保集团有限公司、武汉光谷联合产权交易所黄石产权交易有限公司，目前阶段仍保留国有控股地位。

（4）对处于充分竞争领域的商业类市属国有企业，黄石市城市投资项目代建有限公司、黄石市粮食交易市场、黄石市工矿集团有限公司、冶钢集团有限公司，实行公司制股份制改革，引入其他资本实现股权多元化，不设股比限制，使其成为充满生机活力的市场主体。要大力实施项目公司混合所有制改制，探索项目跟投机制，防范投资风险。国有资本要依据企业发展状况和市场规则有序进退，合理流动。

黄石市属国有企业下属各类企业均可实施股份制改造，且不设股权限制。鼓励发展非公有资本控股的混合所有制经济，可实行国有资本优先股制度。

表 7–1 黄石市国有企业分类分层改革表

序号	企业名称	类型	分类特征	改革情况
1	黄石市城市发展投资集团有限公司	商业Ⅱ	公共产品生产	保持国有独资
2	黄石市交通投资集团有限公司	商业Ⅱ	承担专项任务	在保持国有控股地位的前提下，可以实行股权多元化，并支持各类社会资本通过PPP模式投资或参股
3	黄石市众邦城市住房投资有限公司	商业Ⅱ		
4	黄石市国有资产经营有限公司	商业Ⅱ	承担促进区域发展功能	目前阶段，保留国有控股地位
5	黄石市担保集团有限公司	商业Ⅱ		
6	黄石市港务集团有限公司	商业Ⅱ		
7	黄石市金安集团有限公司	商业Ⅱ		
8	武汉光谷联合产权交易所黄石产权交易有限公司	商业Ⅱ		
9	黄石市工矿集团有限公司	商业Ⅰ	充分竞争	实行公司制股份制改革，积极引入其他资本实现股权多元化，不设股比限制
10	黄石市粮食交易市场	商业Ⅰ		
11	黄石市城市投资项目代建有限公司	商业Ⅰ		
12	冶钢集团有限公司	商业Ⅰ		

黄石市属国有企业要对前期已实施混合所有制改革的项目，从内部治理结构是否科学规范、运营机制是否有序高效、经营状况是否得到改善提升等方面进行总结、分析、整改和完善，要坚持项目导向和问题导向，继续深化改革，切实提高企业的活力、竞争力和抗风险能力。

（二）采取多种途径，积极吸引各类资本参与

1. 吸引各类社会资本参与国有企业改革

对于黄石市产业类国有企业，要根据国家产业发展方向，考虑引入的战略投资者具有产业布局和发展战略与企业一致、产品互补、技术促进等方面特征；对于黄石市资本运营类国有企业，考虑引入的战略投资者具有发展理念和管理模式先进、投融资和资本运营能力强等特征。参与黄石市国有企业混合所有制改革的客体——非国有资本，具有种类多样、方式多样等特点。从资本种类上看，非国有资本可以是集体资本，也可以是民间资本，还可以是外商资本；从投入资金类型上看，非国有资本可以是保险资金，也可以是股权（产业）投资基金，还可以是政府引导基金；从投入方式上看，非国有资本按市场规则，既可以采用出资入股，也可以采用收购股权，还可以采用股权置换等形式。支持黄石市国有资本与社会资本合作，共同组建股权（产业）投资基金公司，投资黄石市的现代服务业、新兴产业、高新技术产业等。

2. 积极推进企业上市

充分利用国内主板、中小板、创业板及境外资本市场，发展公众公司，提高证券化水平。对黄石市具备上市条件的国有企业如交投集团下属花木园林公司，可采取首发、重组等方式实现上市；对经营业绩相对稳定的黄石市属企业二级及以下企业，鼓励其在新三板、武汉光谷联合产权交易所挂牌上市；对黄石市已上市公司，如华新水泥股份有限公司等企业，应将与之业务相同或协同的资产如包装、水泥装备等方面资产，注入华新水泥股份有限公司，推进黄石市属企业整体上市或主业资产整体上市。力争2025年前，黄石市城市发展投资集团有限公司、黄石市交通投资集团有限公司、黄石市众邦城市住房投资有限公司、黄石市国有资产经营有限公司等实现主业上市或控股1—2家上市公司，黄石市国资委作为实际控制人的上市企业达到4家以上。

3. 稳妥实施员工持股

选择准金融、新兴产业和轻资产类人力资本要素贡献占比高的竞争类企业，稳妥推行经营者和核心业务技术骨干持股，加快形成资本所有者和劳动者利益共同体。对混合所有制企业或拟实施混合所有制改革的企业，可实施员工持股计划，其核心员工可出资入股，核心员工为管理层、核心技术和业务骨干；建立健全员工持股制度，完善进入、流转、退出机制，真正让员工享受实惠，从而调动员工积极性。

4. 鼓励国有资本入股非公有制企业

对符合产业资本投向、风险可控的非公有制企业的项目，黄石市国有资本可通过证券、产权等市场积极投资入股，从而提高国有资本运营效率。对有益于黄

石市属国有企业发展的非公有制企业正在开展的各类合作与项目，鼓励黄石市属国有企业与非公有制企业开展合资合作，具体方式可以采取投资入股、联合投资、并购重组等方式。鼓励黄石市属企业组建国有控股投资（产业）基金，积极参与传统优势产业和高新产业中非公有制企业的发展。

5. 探索实行国有资本优先股制度

入股非公有制企业或引入非公有资本时，黄石市属国有企业可将部分国有股权或资本转为国有优先股，在保障权利的基础上，让渡部分决策管理权力给其他优势股东；探索在少数特定领域内建立特殊管理股制度，当企业投资决策影响国有资本在该领域内的控制力时，可依法依章程行使否决权，保证在特定领域的控制力。

（三）健全治理机制，完善企业法人治理结构

1. 强化章程管理在依法治企中的核心作用

黄石市国有股东应根据法律法规和公司的实际情况，就出资方式、股权结构、法人治理等核心事项与其他股东进行充分协商，合理制定章程条款，建立健全现代企业制度，依法保护各类股东权益，完善法人治理结构，规范企业“三会一层”和“老三会”的权责关系，让企业各权利主体按章行权，依规运行，权责对等，从而促进企业和谐发展。

2. 加强以管资本为主的企业人员管理体制改革

建立和完善混合所有制企业人员管理各项制度，规范国有股东代表、董事、监事等代表国有股东的权利人员的选派、考核评价及薪酬分配等行为，重点推动董事会落实选人用人、绩效考核和薪酬管理等方面职权。遵循市场经济规律，以市场为导向，建立选人用人和激励约束机制，试行职业经理人任期制和契约化管理制度。

3. 落实重大决策社会稳定风险分析与评估机制

分析和评估重大决策的合法、合理、可控、可行性等，从源头上规避、减少、降低混合所有制改革可能引发的社会稳定风险。按“谁决策、谁评估”原则，分级承担风险分析和评估责任。调动市属企业员工参与改革的积极性，保障其知情和参与权，对涉及其利益的改革，应听取其意见，其职工安置方案须经职代会或职工大会审议通过。坚持问题导向，妥善解决国有企业混合所有制改革中的各类问题，包括劳动关系调整、社保接续等问题，确保职工队伍稳定。

4. 发挥党组织在混合所有制企业中的作用

将党组织建立、党的工作开展作为国企混改的必要前提，明确混合所有制企业中设置党组织的方式，相关的职能定位及运行机制和管理模式。在混合所有制改革中要发挥党组织的政治引领作用，就要做到“四个同步”，将加强党的领导

和完善公司治理有机结合，实现体制对接、机制对接、制度对接和工作对接，才能发挥好党组织政治核心作用。

5. 建立完善容错机制和责任追究机制

在混合所有制改革中，应建立健全容错纠错机制，充分尊重基层首创精神，给予改革创新者充分包容，允许其在改革创新探索中有失误。对改革工作未达预期效果或已造成损失，但同时符合以下情形的，对有关单位和个人不作负面评价、不追究责任：改革方案的制定和实施不违法违规；改革人员已履职尽责；未牟取非法私利；未参与损害公共利益和他人权益。若因国家宏观政策调整等造成改革失误的，不追究有关人员的责任。

（四）坚持试点先行，依法合规操作

1. 规范改制决策程序

黄石市属国有企业混合所有制改革，在制定混合所有制改革方案前必须完成尽职调查和可行性研究，改革方案必须经企业党委会、董事会、经理办公会等履行相关决策程序后，报经上级企业或黄石市国资监管机构审批同意后实施。黄石市属国有企业混合所有制改革方案由黄石市国资委审批或报黄石市政府批准；黄石市属国有企业所属企业改制，按照“谁决策、谁负责”的原则，分级落实责任主体。其中，黄石市属国有企业重要子企业重大改制，在黄石市属国有企业作出决定或通过股东会进行表决前，应将改制方案报黄石市国资委备案。

2. 择优选择战略投资者

要进一步解放思想，突破利益固化的藩篱，在参与国有企业改组改制和项目合作等方面，对各类投资主体一视同仁、平等对待。原则上应引入依法诚信经营、具有产业链或价值链关联、契合企业发展需要、认同企业发展战略和文化理念的战略投资者，必要时也可引入财务投资者。提倡引入多个投资者，以利于优化股权结构和法人治理结构。

3. 严格规范操作流程

依法公开混合所有制改革方案，按规定公开产权交易、职工安置等重大事项，切实维护各方合法权益。制定严格的工作流程，包括混合所有制改革方案制订、方案审批、方案实施、方案监督等工作流程，加强清产核资、资产评估、产权转让、产权登记等国有产权管理，防止国有资产流失。对不按规定操作造成资产损失的相关责任人，要依法追究责任。

4. 充分利用产权市场交易平台

转让企业国有产（股）权、引进战略合作者，要通过产权市场公开进行，择优确定投资人，充分发现和合理确定资产价格。依托武汉光谷联合产权交易所黄

石公司信息平台，定期发布企业改制重组、股份制改造、招商引资、项目建设等方面的信息。

5. 注重试点示范

支持如转制科研院所、高新技术企业等人才和技术要素贡献占比高的企业开展员工持股试点。企业集团公司要按照先易后难、先子公司后母公司、先完全竞争类后承担专项任务类的思路，选择条件相对成熟的子企业先行试点，引进非公有资本，实现发展混合所有制经济突破。

第二节　黄石市国有企业混合所有制改革的政策建议

国有企业混合所有制改革的目的是要促进国有企业转换经营机制，改善治理结构，放大功能，提高资源配置和运行效率，实现各类资本取长补短、共同发展。针对前期分析的黄石市国有企业混合所有制改革存在的问题，本节提出黄石市国有企业混合所有制改革的相关政策建议。

一、落实顶层设计，为混合所有制改革提供政策指引

国有企业混合所有制改革综合性强、涉及面广，必须做好总体规划和顶层设计。黄石市应抓紧起草出台相关文件，抓紧制定相关配套改革意见，为发展混合所有制经济创造良好条件。在制定顶层方案时，要注意调动各种所有制经济的积极性，在国有企业人员去留上要“有情操作”，同时要处理好稳定、改革和发展的关系。因中央与地方之间、地方与地方之间的国有资产差异巨大，管理体制也不同；中央企业与地方国有企业在行业重要性、影响力、控制力等方面差别巨大，在企业定位、企业类别上也各有不同。因此，中央和省里的混合所有制改革政策并不一定适合黄石市的国有企业改革，故有必要根据本地实际出台实施细则，指导本地国有企业混合所有制改革。在设计与混合所有制改革相关的配套细则时，应因地制宜探索，抓实抓细本地制度设计，如出台政策时可明确所适用的企业层级和企业类型，有针对性地给充分竞争领域国有企业适当的自主空间等，注重制度设计的有用性，不能只提目标而不讲具体实施。由于混合所有制改革尚处于探索阶段，因此本着试点先行逐步推广的原则，可以先选取几家企业进行试点，做好典范，总结经验进行制度的设计，形成具有黄石市特色的“政策包”和“工具箱”，作为其他国有企业改革的指引。当然，制度并非一成不变，也应根据改革过程中遇到的新情况新问题，与时俱进，不断更新，不断完善。

二、完善市场环境，为混合所有制改革铺平道路

（一）解决现实矛盾，为传统国有企业混合所有制改革创造条件

1. 推进政企分开、政资分开

出台黄石市行政事业单位所办企业脱钩改制和经营性资产剥离方案，加快脱钩改制和经营性资产剥离进度。对已进入移交程序企业，设置督办程序，加快移交；对尚未进入移交程序企业，由国资监管部门牵头，会同审计、纪检监察等部门，对未纳入统一监管的市本级国有企业实施企业运营统一、定期审计监察，完善国资监督，确保国有资产保值增值，做好统一监管过渡准备。

2. 积极推进国有企业去行政化

国有企业去行政化主要包括两个方面：一方面要取消所有国有企业的行政级别，确立国有企业负责人的企业身份。在国有企业中，非市场化聘任的国有企业管理人员可有相应的行政级别，但对其考核、激励、约束与报酬等都要按公务员管理办法，依企业经营的特殊性作特别安排。在国有企业管理人员的安排上，不要让国有企业成为对一些官员照顾性的或“近水楼台”的“红利”。要运用好职业经理人市场，尽可能减少非市场化聘任的管理人员，增加市场化聘任管理人员。对市场化聘任的人员，要做到人尽其才、才尽其用、人事相宜，人员进出、职务和收入与其才能相匹配；另一方面，要改变国有企业经营管理中的行政化作风，应“在商言商”，而不是“在商言官”。这也是政企分开的一项重要内容。

3. 妥善解决国有企业历史遗留问题

当前，黄石市要妥善解决包括“三供一业”分离办社会、拖欠历史债务等负担。设立混合所有制改革基金，在充分评估基础上，发挥基金功能性作用，以债转股方式注资，抹平企业部分债务。积极与国家开发银行、农业发展银行等政策性银行商洽，为传统国有企业混合所有制改革提供低息、免息政策性贷款，专项用于偿还企业职工工资、社保负债；积极争取中央、湖北省的政策与资金支持，将相关企业的混合所有制改革纳入改革试点，借助专家力量助推改革。

（二）营造改革环境，为国有企业混合所有制经济夯实基础

1. 完善配套政策法规

首先，针对中央出台的“1+N”政策，黄石市发改、国资等部门应积极梳理政策，加快研究国有资产管理体制改革、行政管理体制改革等配套细则，推动相关配套政策的跟进与完善，指导黄石市实践。其次，要进一步优化黄石市营商环境，切实保障各类市场主体的合法权益。实行“负面清单”管理，消除歧视，破除障碍，全面规范市场准入程序。修改和废止对非公有产权的歧视和限制性规

定，同等保护各类资本的合法权益。减少国有企业发展相关方面的政策限制，增强其灵活性与自主性，从而营造出更加完善的混合所有制企业发展资本与政策环境。[1] 第三，应借推进混合所有制改革之机，对土地变现、债务核销、资产评估等一些已过期或不适应的相关政策进行清理，明确实施细则。

2. 营造社会氛围

进一步加大对中共十八届三中全会、十九大精神的宣传，引导社会正确看待混合所有制改革发展中出现的问题，消除各种疑虑。要增强体谅包容，建立容错机制，为各种所有制资本的大胆混合营造良好的舆论氛围和社会环境。首先，要营造公平竞争的市场环境。建立健全现代产权市场和产权市场体系，完善市场功能，营造公平竞争的市场环境。其次，营造宽松和谐鼓励创新的发展环境。政府必须简政放权，放松规制，转变职能，减少干预，减少审批事项和程序，提升服务质量，为国有企业混合所有制改革营造宽松和谐的良好环境。

三、坚持分类施策，推进国有企业混合所有制改革

按照国务院国资委、财政部、国家发改委联合发布《关于国有企业功能界定与分类的指导意见》，明确将国有企业界定为商业类和公益类，确定了哪些行业和企业不宜开展混合所有制改革。黄石市政府要以此对相关企业进行分类，不同类别的企业采取不同的策略，不搞“一刀切”。

（一）建立明确的进入机制

在对国有企业进行合理分类的基础上，建立明确的进入机制。通常而言，黄石市属国有企业绝大多数都可实施混合所有制改革。对商业类中的充分竞争性领域的企业如冶钢集团、工矿集团等企业，可引入非公有资本实现股权多元化。尽量降低国有资本所占比例，对非国有资本不设股比限定；对商业类中的经营专营业务、承担重大专项任务的企业如城发集团、国资公司、交投集团、众邦公司等四大投融资公司，要保持国有资本的控股地位，支持非国有资本参股。强化关联企业间的强强联合，合理引入非国有资本；对“公益类”企业如城发集团下属自来水公司、公交集团等企业，则更多关注公益性的运营目标，渐进规范地开展混合所有制改革。

（二）建立明确的退出机制

要建立产权流动的市场机制，使各类产权主体拥有的产权能自由流动，切实保障投资人权益的退出机制，解决潜在投资者的后顾之忧。

---

[1] 宋雄伟：国有企业混合所有制改革发展相关问题及对策探讨，《时代金融》，2018 年第 07 期下旬刊，第 132 页。

（三）明确混合所有制改革的程序与方式

无论是原国有企业或国有独资公司，还是这些企业下属的企业要进行混合所有制改造，或是国有企业、国有独资公司要参股、控股非国有企业，国有资产监管机构或其他相关部门应制定明确程序，提供可供选择的方式。从上海、山东、江西等地的经验看，各地都对实行混合所有制改革的对象、范围、持股比例、改革程序、模式等多方面做了详细规定。

四、健全产权交易市场，推动产权公平交易

我国国有资产流失的重要原因在于国有产权市场不健全，产权制度缺失。因此有必要建立现代产权市场，保障各类产权主体有序进退，实现资源优化配置。一是要完善评估定价机制。规范评估定价市场，充分发挥各类中介机构作用，防止资产评估中的高估或低估和财务审计中的缺项或漏项，降低国有资产流失风险。加快产权市场的信息披露制度的建设，避免因信息不对称增加市场的交易成本。二是要完善法律制度。建立和完善产权交易和产权市场的制度与规则，健全产权监管制度，充分发挥产权市场发现价格、发现投资人功能。三是要建立产权交易市场。制定产权交易规则规范交易，完善行业管理，形成合理、公正的价格评价机制，严格执行进场交易制度，让产权公平合理地交易。四是要充分尊重市场规律。按照规范市场原则完善相关的政策性规范文件，公正对待各类投资者，保护公有资本与非公有资本等各类资本权益；改革的程序、方法、政策等都要公开。在公有股权或公有资产定价上，要通过公开市场操作，由市场定价。

五、更新思想观念，提高社会认可度

（一）尊重市场规律，遵守市场原则

发展混合所有制经济既是思想意识领域的理念创新，也是行政体制的改革，但是不能将它作为一项硬性要求、政治任务来抓，也不应将混合所有制企业的数量、范围、程度和速度作为考核标准来要求。在实施混合所有制改革中，要做到不定目标、任务、计划、考核标准“四个不定”，树立一种新的混合观念。在国有资本与非国有资本双方自愿的基础上，通过市场手段实现混合、相互融合，调动混合所有制企业经营管理者的积极性。政府在营造市场环境、做好有效监管方面履行职责，确保混合双方利益。

（二）因地制宜、因“企”制宜

国有企业混合所有制改革的目的是促进国有企业做强做优做大，促进国有经济持续健康发展。国有企业混合所有制改革作为深化改革的重要内容与举措，它

并非万能的良药，并不适合所有企业。因此，在具体实施过程中，不能搞“一刀切”，应结合企业实际，针对企业发展所处阶段、发展需要等情况来加以推进。在实施过程中，可探索混合所有制的实现形式与模式，允许不同行业与企业在混合的比例、方式及进程有不同的做法。

（三）转变政府职能，坚持依法行政

正确处理好政府和市场的关系，推进政府职能转变，发挥市场在资源配置中的决定性作用。以“职责清单”形式明确政府行为，确保政府行为不越规。政府维护好宏观市场秩序，放手让市场做好微观资源配置。

（四）消除企业顾虑，树立正确的混合所有制改革理念

国有企业混合所有制改革既是国有企业产权制度改革的重要部分，也是社会关系调整的重要内容，涉及改革各方深层次利益关系调整，容易出现矛盾和问题，在当前我国经济下行的情况下，必须树立正确的混合所有制改革理念，确保平稳有序地推进改革。

1. 树立包容共生理念

混合所有制企业各投资主体应树立包容共生、融合发展理念，在改制过程中，不仅要做到股权融合、人力资本经营融合、资本运营融合、生产技术融合，还要实现文化管理的融合，只有这样才能博取众家之长，发挥各方优势。黄石市政府应制定实施方案，确定政策框架，明确混合所有制企业发展方向，消除国有与民营各方顾虑。组织专家和部门界定政府与企业的行为边界，划定底线和红线，规范改制行为。

2. 树立市场主体理念

微观活则全局活。混合所有制企业作为市场经济的微观基础，只有它有活力，才能促使整个市场经济发展有活力。这就必须做好政企分开、政资分开，厘清政府与市场、政府与企业的边界，政府做好简政放权，优化环境，加强服务，鼓励创新，让混合所有制企业真正发挥市场主体应有的活力。

3. 转变思想观念

在国有企业混合所有制改革中，为消除各类投资主体顾虑，要坚持法不溯及既往原则，不追本溯源各类参与资本，让优质资本角逐产权交易市场。同时要解决混合所有制企业文化融合问题，关键在于转变人的思想观念。国有企业高管人员因受传统“官本位”思想以及本身的“政商”身份的影响，自我感觉良好，富有优越感，这种思想反映到决策上，就有可能导致个人说了算，甚至“一言堂”的产生。在混合所有制企业中，若仍维持国有企业高管人员“一言堂”的做法，则企业决策很难形成，因混合所有制企业内各权利主体不论是国有资本的代表还是

非国有资本的代表所处的地位是平等的，在企业决策中，绝对没有谁必须听谁的，只有谁的理由大，能说服大家同意，才能达成一致，形成决定。国有企业与非国有企业本身就存在企业文化差异，双方的成长环境、价值观念、经营准则与作风、道德规范等都不相同，只有公私双方充分沟通，相互学习借鉴，才能使混合所有制企业文化真正融合。国有企业改革的一项重要前提就是要保护职工利益、稳定职工情绪，减少社会震动，故国有企业混合所有制改革应取得员工的理解与支持，让员工真正知情和参与改革，为改革提出好的建议意见，自愿参与员工持股。

六、借鉴国内外经验，优化公司治理结构

在国有企业混合所有制改革中，有不同的改革模式，需要企业针对自身的特点，选择适合发展的模式进行混合所有制改革。其中，引进战略投资者可参考中国联通模式；实施整体上市可参考金隅集团模式；与民营企业合作可参考湖北某商贸国有控股集团有限公司混改三模式；员工持股可参考广州无线电模式。

在混合所有制改革中“提高‘改’的质量”，就是要推进混合所有制企业能真正构建起完善的法人治理结构，实现国有资本和各类社会资本优势互补，共同发展。如果只注重形式上的股份混合，而不注重混合后经营理念、战略思路上的“灵魂契合”，就违背了国有企业混合所有制改革的初衷。对混合所有制企业而言，通过完善公司治理形成利益风险共担、相互制衡的机制，就显得尤为关键。要建立健全法人治理结构，优化董事会职能建设，探索通过公司章程约定的方式，保障社会资本在董事会的话语权，完善各负其责、协调运转的决策、执行和监督机制。

（一）混合所有制改革不仅要“混”，更要“改”

混合所有制改革只是改革的一种方式，并非私有化，因混合所有制改革过程中并非只有国有资本退出，也有国有资本进入，进入与退出遵循市场经济规律和企业发展规律，不可能“一混就灵”“一混了之”。有了民营企业的“帽子”也并非有效率。混合所有制企业不是多家股东股权的简单拼接，必须有效融合。因此，要总结混合所有制改革实践经验，纠正错误和问题，才能积极稳妥推进混合所有制改革，让混合所有制企业健康持续发展。“混”是手段，“改”是目的。新一轮的混合所有制改革，不仅仅要“混”，更重要的是“改”。国有企业在顺利完成“混”的任务后，还要纵深推动“改”的攻坚，不能只停留在“混”的表象，更不能“混”与“不混”一个样。混合所有制改革方案的落地不仅要抓股东引入等源头工作，更要抓后期议事规则设置、体制机制创新、治理体系建设，有效融合国有企业的规范性与民营企业的灵活性，才能实现混合所有制改革方案的有效落地和企

业的可持续发展。

（二）完善法人治理机制，为资本融合扫清基础性障碍

要解决混合所有制企业的公司治理问题就必须规范运作，这种规范运作不仅包括厘清政企边界、设置法人治理结构，保证董事会的独立性；还包括构建激励约束机制和风险防控机制，最终保证混合所有制企业经营目标的实现❶。

1. 调整优化股权结构，避免一股独大

国有企业混合所有制改革应保证混合所有制企业的独立自主经营；实行股权多元化，股东相互监督制约，保证了科学决策和市场化运营。混合所有制企业的股权结构显著地影响了公司的绩效，适当调整国有股权的比例，增加非公有股东股权比例，通过股权的分散化、多元化，避免一股独大，增加非公有股东的参与权。私营企业主目标是企业利润最大化，这是与现代企业目标相一致的，可以纠正国企管理目标，让混合所有制企业真正地适应现在的市场经济❷。

2. 设计合理的公司治理结构，降低国有股东持股比例

其目的是要改善公司的治理结构，通过股东大会、董事会和监事会中表决权安排，使得不同所有者相互制衡，杜绝管理者假公济私、徇私舞弊的现象，形成良好的公司治理机制，打造一个符合现代企业治理的有竞争力和创新力的治理体系，推动治理体系从“稻草人”向“实体人”转变。混合所有制企业的三会一层各司其职，企业各股东委派的高管不仅代表股东利益，还需考虑企业利益，围绕企业利益履职尽责、相互监督，避免了决策的“拍脑袋”。如果治理体系仍旧是“泥菩萨”，国有企业混合所有制改革将无法真正“过江”。

3. 选拔合格的职业经纪人，建立现代的企业制度

推行选人优先竞聘机制，选拔合格的有经验的职业经理人。对管理者建立业绩考评制度，薪酬与公司绩效挂钩，促使经营者与企业目标一致性，共同为实现企业利润最大化努力。国有企业效率低的原因是多方面的，主要依靠建立现代的企业制度，彻底打破国有企业计划经济管理模式。只有建立了合理的公司治理结构，建立现代的企业制度，最终才能达到国有资本增值保值的目的。

4. 积极推进员工持股试点

选择好员工持股类型，弱化全员持股导向，强化管理层、技术及经营骨干持股导向；组建好持股公司，以公司持股为主，自然人持股为辅；积极利用资本运作手段，对有潜力进行员工持股试点但不满足现行条件的企业进行适度资本重置。

---

❶张政军、袁俊：地方“混改”图谱，《董事会》，2015 年 05 期，第 40—45 页。

❷侍超：有关国有混合所有制企业公司治理弊端之我见，《财会学习》，2017 年 02 期，第 188 页。

5. 积极推进 PPP

以项目合作为载体，引导社会资本参与黄石市适合混合所有制发展的相关领域的项目。探索社会资本参与黄石市属国有企业大项目的有效模式，支持黄石市属国有企业和有实力的民营企业共同设立产业联盟、产业(股权)投资基金等投融资实体，引导社会资本进入黄石市急需加强的实体经济领域如新材料、电子信息、智能装备、汽车等 9 大产业。引导社会资本进入黄石市域内轨道交通、道路、污水处理、固废处置等准经营性领域，建立补贴与价格补偿机制吸引社会资本进入。引导社会资本进入黄石市社会事业合作项目领域，加快在教育、医疗、健康养老等领域的混合所有制改革。支持国有资本和非国有资本合作设立并购基金、产业(股权)投资基金等参与国有企业改制。

七、加强国有资产监管，防止国有资产流失

管理体制问题是黄石市属国有企业改革中需高度重视的问题，要进一步界定关系、明确职责、加强监管。完善与混合所有制企业治理结构相配套的监管制度，引导混合所有制企业严格落实，切实通过强化国资监管来防止国有资产流失。

(一) 完善体制机制，规范监管行为

坚持以管资本为主加强国有资产监管，健全国资监管制度体系。着手对国资监管规章制度进行全面清理，拟定出资人权力清单、责任清单、审批事项清单等“三项”清单制度，建立监管、报告和问责的负面清单管理模式。完善投资管理体制，放宽非公有资本准入条件，消除政策歧视。改革人事和决策管理制度。取消管理人员行政级别，建立以聘任制为主的人事管理制度，开展市场化选聘、薪酬激励和股权激励机制改革，建立长效激励约束机制，健全信息披露、经济责任审计、追索扣回、延期支付等约束机制。强化惩戒机制，引入终身责任追究机制。落实党委会研究讨论、董事会决策机制。

(二) 转换监管方式，规范监管层级

黄石市要积极探索“以管资本为主加强国资监管”的新模式和新方法，切实转变国资监管方式，实现从“管企业”向“管资本”转变。重点构建三层管理架构即黄石市国资委——国有资本投资运营公司——国有参控股公司(以混合所有制为主)。作为监管第一层的黄石市国资委，是国有资本投资运营公司的出资人，依法享有出资人三项基本权利即收益权、重大决策权和选择管理者的权利。作为监管第二层的国有资本投资运营公司，受黄石市国资委监管，按黄石市政府要求进行投资和管理；同时是国有参控股公司的出资人，依法享有出资人三项基本权利。作为监管第三层的国有参控股公司，公司的股权结构多元化，通常以混合所

有制为主，受国有资本投资运营公司监管，按照市场经济规则开展运营和竞争。通常所说的职业经理人制度和员工持股改革都在第三层，在混合所有制企业内推行。

（三）严格履行程序，规范国资运作

国资监管部门要严格履行重大事项报审程序，对资产处置、产权管理、重大投资、融资担保等事项进行严格报审。

1. 规范资产处置程序。一般而言，国有资产处置需经清产核资、财务审计、资产评估、产权交易等程序。其中清产核资是财务审计和资产评估的基础，而资产评估又是产权交易的基础，通常国有资产转让的底价是以有资质的中介机构的评估价格经有权机构的核准或备案后确定，是产权交易的基础。由此可见，资产评估是产权交易的重要环节，须完善资产评估流程，让审计与评估之间相互独立、互为验证，确保评估结果客观真实。产权交易要强化公开透明和规范运作，确保实现阳光化、透明化操作。

2. 加强产权管理。国资监管机构和国有投资运营公司要加强统计评价和产权登记工作。每月按时完成财务快报编报，及时跟踪分析、评价企业运行情况。要加强出资企业及其下属企业占有产权和变动产权登记，为理顺企业产权关系夯实基础。同时要做好企业财务预决算管理，组织企业编制财务预算（含国有资本经营预算）和财务决算报表。

3. 规范投融资事项管理。强化“三重一大”项目的报备审核。抓计划管理，强调投资备案、融资担保报批。

第三节　小　结

本章重点介绍了黄石市国有企业混合所有制改革的基本思路和政策建议。在基本思路方面，着重介绍了黄石混合所有制改革的六项原则：即坚持基本经济制度，坚持做强做优做大国有企业，坚持市场运作，坚持增量优先，坚持积极稳妥推进，坚持依法合规操作。认为黄石市国有企业混合所有制改革的核心思路为因企制宜，分层分类改革；采取多种途径，积极吸引各类资本参与；健全治理机制，完善企业法人治理结构；坚持试点先行，依法合规操作。将黄石市属国有企业分为国有资本投资运营公司、承担重大专项任务、承担区域性经济发展功能和处于充分竞争领域商业类四类，并有针对性地提出了混合所有制改革的措施，认为黄石市属国有企业下属各类企业均可进行股份制改造，发展混合所有制经济，且不设股权限制比例。黄石市国有企业混合所有制改革可采取吸引各类社会资本参与国有企业改革、积极推进企业上市、稳妥实施员工持股、鼓励国有资本参股

非公有制企业、探索实行国有资本优先股制度。在完善企业法人治理结构方面，要强化公司章程在依法治企中的核心作用，加强以管资本为主的企业人员管理体制改革，落实重大决策社会稳定风险分析与评估机制，充分发挥混合所有制企业党组织作用，建立完善容错机制和责任追究机制。要坚持试点先行，依法合规操作，规范改制决策程序、择优选择战略投资者、严格规范操作流程、充分利用产权市场交易平台、注重试点示范。针对黄石市国有企业混合所有制改革现状，提出了黄石市国有企业混合所有制改革的相关政策建议。具体包括应落实顶层设计，为混合所有制改革提供政策指引；完善市场环境，为混合所有制改革铺平道路；坚持分类实施，推动国有企业混合所有制改革；健全产权交易市场，推动产权公平交易；更新思想观念，提高社会认可度；充分借鉴国内外经验，优化公司治理结构；加强国有资产监管，防止国有资产流失。

国有企业混合所有制改革一直在路上，我们应边走边试，边总结经验，及时发现问题、调整方案，尽量减少改革成本，提高国有资本效率。

参 考 文 献

一、中文文献

[1] 马克思．剩余价值理论：第3册[M]．北京：人民出版社，1982.
[2] 马克思恩格斯全集：第25卷[M]．北京：人民出版社，1975.
[3] 庇古．福利经济学[M]．金镝，译．北京：华夏出版社，2007.
[4] 热拉尔·罗兰．私有化：成功与失败[M]．张宏胜等，译．北京：中国人民大学出版社，2013.
[5] 约翰·梅纳德·凯恩斯．就业、利息和货币通论[M]．北京：商务印书馆，1986.
[6] 葛扬，林乐芬．市场理性、国家理性与现代混合经济发展[M]．北京：中国经济出版社，2008.
[7] 程志强．国有企业改革和混合所有制经济发展[M]．北京：人民日报出版社，2015.
[8] 张彤玉，崔学东，刘凤义，等．混合所有制理论、实践与政策[M]．北京：经济科学出版社，2016.
[9] 杨瑞龙．社会主义经济理论[M]．2版．北京：中国人民大学出版社，2008.
[10] 黄群慧．新时期全面深化国有经济改革研究[M]．北京：中国社会科学出版社，2015.
[11] 苏小芳，程保平．马克思企业产权结构模式及应用研究[M]．北京：经济科学出版社，2006.
[12] 菲吕博腾，配杰威齐．产权与经济理论：近期文献的一个综述[M]．上海：上海三联书店，1991.
[13] 斯韦托扎尔·平乔维奇．产权经济学[M]．蒋琳琦，译．北京：经济科学出版社，1999.
[14] 新帕尔格雷夫经济学大辞典：第3卷[M]．北京：经济科学出版社，1996.
[15] 约拉姆·巴泽尔．产权的经济分析[M]．费方域，段毅才，译．上海：上海三联书店，上海人民出版社，1997.
[16] 姜涛，吴刚．混合所有制经济理论与实践[M]．北京：社会科学文献出版社，2015.
[17] 王侃，程国平，程斌武，等．湖北国企改革模式与创新研究[M]．北京：经济管理出版社，2011.
[18] 卢现祥．西方新制度经济学[M]．北京：中国发展出版社，2004.
[19] 罗建钢．委托代理：国有资产管理体制创新[M]．北京：中国财政经济出版社，2004.
[20] 曾磊光，李光玉，刘建平，等．遏制流失：构建国企监管新体制[M]．武汉：武汉大学出版社，1999.
[21] 孙久文，胡安俊．区域经济学学科前沿研究报告[M]．北京：经济管理出版社，2013.
[22] 邱思胜，邓绍英，王侃．大中型国有企业混合所有制改革的理论与实践[M]．武汉：湖北人民出版社，2006.
[23] 汪海粟，张少华，韩刚．多元混合：国企改革必由之路[M]．武汉：武汉大学出版社，1999.
[24] 国家发展改革委体改司．国企混改面对面——发展混合所有制经济政策解读[M]．北京：

人民出版社，2015.
[25] 李锦．国企改革顶层设计解析[M]．北京：中国言实出版社，2015.
[26] 江苏省国资委课题组．国企改革十大难题[M]．南京：江苏人民出版社，2016.
[27] 董梅生．混合所有制企业股权结构选择研究[M]．北京：经济管理出版社，2017.
[28] 陈俊龙，齐平．混合所有制改革背景下国有股最优比例问题研究[M]．北京：中国财政经济出版社，2017.
[29] 宋文阁，刘福东．混合所有制的逻辑——新常态下的国企改革和民企机遇[M]．北京：中华工商联合出版社，2014.
[30] 邵宁．国有企业改革实录(1998—2008)[M]．北京：经济社会科学出版社，2014.
[31] 国务院国资委改革办．国企改革探索与实践——地方国有企业100例(上)[M]．北京：中国经济出版社，2018.
[32] 国务院国资委改革办．国企改革探索与实践——地方国有企业100例(下)[M]．北京：中国经济出版社，2018.
[33] 杨洁．企业并购整合研究[D]．长春：吉林大学，2004.
[34] 廖晨旭．基于股票收益率的国企并购重组绩效研究[D]．昆明：云南财经大学，2015.
[35] 郭栋．企业兼并重组的研究与实践[D]．西安：西北工业大学，2002.
[36] 刘凤义，崔学东，张彤玉．发展混合所有制经济需要厘清的几种基本关系[J]．天津社会科学，2016(1).
[37] 程承坪．国企混改亟须做好四方面工作[N]．经济参考报，2019-05-06.
[38] 程承坪，吴方．竞争性混合所有制企业监管探讨[J]．天津社会科学，2018(11).
[39] 任永强，张秀生．稳妥推进国有企业混合所有制改革[N]．经济日报，2016-05-05.
[40] 张秀生，王鹏．以产业结构优化引领经济发展新常态[J]．经济研究参考，2015(7).
[41] 张兴茂．所有制　所有权　产权[J]．河南大学学报(社会科学版)，1996，36(3).
[42] 改革开放以来中国经济年均增长9.8%[N/OL]．海南日报，2013-11-07. http://hnrb.hinews.cn/html/2013-11/07/content_12_3.htm.
[43] 人民日报海外版：中国对世界经济年均贡献率超三成[N/OL]．凤凰财经，2017-4-24. http://finance.ifeng.com/a/20170424/15316291_0.shtml.
[44] 海菁，马国强．国有企业混合所有制改革模式研究[J]．合作经济与科技，2016(14).
[45] 肖炼．当前世界与中国宏观经济形势分析[R/OL]．宣讲家网．(2016-11-14). http://www.71.cn/2016/1114/920656.shtml.
[46] 叶檀．中国投资率过高在自掘陷阱[J]．上海企业，2015(5).
[47] 李丹．中国最终消费率过低之谜[J]．上海财经大学学报，2013(2).
[48] 周锐．国资委党委书记郝鹏谈央企四大变化：党的领导大大加强[EB/OL]．(2017-10-18). http://www.sasac.gov.cn/n2588025/n2588119/c8035322/content.html.
[49] 薛暮桥．我国生产资料所有制的演变[J]．经济研究，1987(3).
[50] 黄如桐．当前部分私营企业大户和一些理论工作者对私营经济的观点述评[J]．经济学动态，1995(3).
[51] 何立胜，管仁勤．市场经济体制与社会主义基本经济制度[J]．河南师范大学学报(哲学

社会科学版)，1999(1).
[52] 厉以宁．谈谈新公有制企业[J]. 理论参考，2004(2).
[53] 邬名扬．广义所有制和狭义所有制——兼论所有制概念的残缺[J]. 中国政法大学学报，2000(2).
[54] 张明龙．论所有权与产权的区别[J]. 经济评论，2002(3)：25.
[55] 丁巧林．当代市场经济本质上是混合经济[J]. 浙江学刊(双月刊)，1995(3).
[56] 唐建强．现代公司治理理论文献综述[J]. 科技信息，2009(32).
[57] 左志鹏．公司治理理论综述[J]. 大众文艺(理论)，2009(8).
[58] 杨松武．西方治理理论的“中国困境”解读[J]. 地方财政研究，2016(10).
[59] 徐传谌，刘凌波．我国国有企业特殊社会责任研究[J]. 经济管理，2010(10).
[60] 黄群慧．地方国资国企改革的进展、问题与方向[J]. 中州学刊，2015(5).
[61] 2017年1—12月全国国有及国有控股企业经济运行情况[EB/OL].(2018-01-23). http://www.gov.cn/xinwen/2018-01/23/content_5259731.htm.
[62] 黄淑和．加快国企股权多元化改革[J]. 求是，2014(3).
[63] 张一鸣．国企混合所有制改革不设时间表[N]. 中国经济时报，2017-10-11.
[64] 张奇．改革浪潮下地方国企混改路径剖析[R/OL].(2018-06-06).http://www.sohu.com/a/234279810_726670.
[65]扎实组织开展国有企业混合所有制改革三批试点工作[EB/OL].(2018-4-19).http://finance.ifeng.com/a/20180419/16139415_0.shtml.
[66] 李欣．地方国企改革推进路径研究[J]. 现代商业，2015(35).
[67] 张先治，蒋美华．国企改制中财务审计与资产评估研究(上)——问题与分析[J]. 审计与经济研究，2006(6).
[68] 綦好东，郭骏超，朱炜．国有企业混合所有制改革：动力、阻力与实现路径[J]. 管理世界，2017(10).
[69] 国家发展改革委体管所课题组．国企改革历程回顾与当前改革重点[J]. 中国经贸导刊，2015(07)：27-29.
[70] 白永秀．国有企业改革：历程·现状·对策[J]. 人文杂志，1999(4).
[71] 王健．国有企业所有制改革的理论、实践及未来趋势[J]. 企业经济，2015(10).
[72] 国企改革全面推进　第三批混改试点实施方案陆续获批[EB/OL].(2018-08-30). http://www.xinhuanet.com//2018-08/30/c_1123350766.htm.
[73] 彭华岗．完成公司制改制是国企改革一个历史性突破[R/OL].(2018-03-10).http://www.sohu.com/a/225272984_428290.
[74] 王罗汉，李钢．国有企业效率研究[J]. 经济与管理研究，2014(6).
[75] 李培林，张翼．国有企业社会成本分析——对中国10个大城市508家企业的调查[J]. 中国社会科学，1999(9).
[76] 黄速建．中国国有企业混合所有制改革研究[J]. 经济管理，2014(7).
[77] 饶恒．新时代，混合所有制改革向何处去？[J]. 国资报告，2018(2).
[78] 洪东安．黄石改革开放30年回眸[EB/OL].http://blog.sina.com.cn/s/blog_

462e2a170102ejix. html.

[79] 吴思 . 50 万亿地方国资如何改[J]. 中国经济报告，2015(04).

[80] 简新华 . 必须正确认识和合理推进国有企业混合所有制改革[J]. 财经科学，2017(12).

[81] 陆文晖 . 新时代下对地方国企改革思路的几点思考[J]. 经济师，2018(4).

[82] 王正宇 . 地方国有企业改革发展若干问题聚焦[J]. 市场周刊，2015(6).

[83] 韦典 . 如何能使混合所有制经济成为地方国有企业改革的一剂强心针[J]. 时代金融，2017(11).

[84] 郭玲 . 国有资产管理的现状分析及完善建议[J]. 智富时代，2018(05).

[85] 刘品安，陈布露 . 广东混合所有制改革现状与未来[J]. 发展改革理论与实践，2017(04).

[86] 张政军，袁俊 . 地方“混改”图谱[J]. 董事会，2015(05).

[87] 黄勇，潘毅刚，王一峰 . 当前我国发展混合所有制经济的机遇、问题和改革路径——基于浙江实践的改革重点和机制设计探讨[J]. 全球化，2015(5).

[88] 王韦玮 . 我国国有企业混合所有制改革研究[J]. 现代国企研究，2018. 02(下).

[89] 宋雄伟 . 国有企业混合所有制改革发展相关问题及对策探讨[J]. 时代金融，2018. 07(下旬刊).

[90] 张强 . 国有企业混合所有制改革：脉络、问题与建议[J]. 预算管理与会计，2018(8).

[91] 温国林，卿松 . 国有企业混合所有制改革存在的问题与对策分析[J]. 改革论坛，2015(34).

[92] 侍超 . 有关国有混合所有制企业公司治理弊端之我见[J]. 财会学习，2017(02).

[93] 项安波 . 混合所有制改革的“苏、沪经验”[J]. 中国经济报告，2017(10).

[94] 上海证券交易所发行上市中心 . 企业改制上市常见三十问[EB/OL]. http://www. sse. com. cn/services/list/ipo/questions/.

[95] 何欣荣 . 地方国企混改项目密集推出 由表及里从“混”到“改”[EB/OL]. (2018-12-21). http://www. sasac. gov. cn/n2588025/n2588139/c10062600/content. html.

[96] 李福祥，王媛媛 . 国有企业整体上市模式比较分析[J]. 西北师范大学报(社会科学版)，2011，48(4).

[97] 国有企业改制上市模式与案例分析[R/OL]. https://wenku. baidu. com/view/af95fa2f4b73f242336c5ff5. html.

[98] 国有企业改制上市模式[R/OL]. (2019-02-25). http://china. findlaw. cn/gongsifalv/gaizhizhongzu/qiyegaizhi/gyqygz/smsgyqygz/110409. html.

[99] 屈艳芳，郭敏 . 国有企业引进战略投资者的影响因素与策略分析[J]. 理论建设，2007(6).

[100] 湖南省国资委课题组 . 对国有企业引进战略投资者的理论思考[J]. 产权导刊，2015(12).

[101] 韩复龄，冯雪 . 国有企业混合所有制改革背景下的商业银行业务机会[J]. 经济与管理，2014(4).

[102] 杨娇娇 . 借助资本市场深化国企混合所有制改革的路径选择[J]. 吉林金融研究，

2018(1).

［103］张孝梅．混合所有制改革背景的员工持股境况［J］．改革，2016(1).

［104］王倩倩．混改基金：重塑机制激发活力［J/OL］．国资报告．(2019-02-26). http://www. sasac. gov. cn//n2588025/n4423279/n4517386/n10126972/c10577481/content. html.

［105］潘朝金．国资国企改革基金隐患与对策［N/OL］．企业观察报，2015-03-10. http://news. hexun. com/2015-03-10/173906041. html.

［106］中国 PPP 回归理性："规范"成下一步发展主基调［EB/OL］．中国新闻网．https://news. china. com/finance/11155042/20180104/31915152_9. html.

［107］郭放，孙玥璠．英国国企改革对我国"混合所有制"改革的启示［J］．经济研究参考，2015(37).

［108］赵世萍．美国、英国国有企业改革对我国的启示［J］．当代经济，2017(32).

［109］大成企业研究院课题组．西方主要国家国有经济和混合经济的制度结构、功能、地位及其作用范围［J］．经济研究参考，2015(25).

［110］王君卫．揭秘海外混合所有制［J］．董事会，2015(5).

［111］佟福全．新西兰、新加坡国有企业改革及其共同规律性［J］．管理世界，1997(4).

［112］叶祥松．美国国有企业管理体制给我们改革的启示［J］．东疆学刊，1996(3).

［113］史本叶．美国国有企业发展及其近期私有化改革研究［J］．吉林大学社会科学学报，2006(1).

［114］巩娜．地方国有企业混合所有制改革模式、路径及政策建议［J］．经济体制改革，2018(5).

［115］中国联通发布混合所有制改革总体方案［EB/OL］. http://www. c114. com. cn/news/119/a1020806. html.

［116］付钦太．国有企业混合所有制改革的价值取向与基本思路［J］．学习论坛，2017(11).

二、英文文献

［1］ALCHIAN A A, AUEN W R. Exchange and production competition, coordination, and control［M］. 2nd ed. California: Wadsworth publishing company, 1977.

［2］FISHER L. Elementary Principles of Economics［M］. New York: Macmillan, 1923: 27.

［3］ALCHIAN A A. Some economics of property rights［J］. Politico, 1965, 30(4): 816-829.

［4］Tittenbrun Jaek. Private Versus Public Enterprises［M］. London: Janus Publishing Company, 1996.

［5］Martin Stepher, Parker David. The impact of Privatization: ownership and Corporate in the UK［M］. London: Routledge, 1997.

［6］Wang S J, Tu Y L, Liu S S. The Evolution of State-Owned Enterprises in South China: The Choice of Property Right［J］. Anthropologist, System Perspective, 2014.

［7］Yu H. The Ascendency of State-Owned Enterprises in China: Development, Controversy and Problems［J］. Journal of Contemporary China, 2014.

［8］Yuan X E, Wang X Y, Wei Z C. The Research of the Contradiction between State-owned Management Behavior and Long-Term Development［R］. International Conference in Humanities,

Social Sciences and Global Business Management, 2014.

[9] Boycko M, Shleifer A, Vishny R W. A Theory of Privatisation[J]. Economic Journal, 1996(106).

[10] Lin Justin Yifu, Cai Fang, Li Zhou. Competition, Policy Burdens, and State-Owned Enterprise Reform[J]. American Economic Review, 1998(2).

[11] Shleifer Andrei, Robert Vishny. Politicians and Firms[J]. Journal of Economics, 1994.

[12] Cuervo A, Villalonga B. Explaining the Variance in the Performance Effects of Privatization [J]. Academy of Management Review, 2000.

[13] Jiang FX, Zhang MZ, Zhang W. Regional Unemployment and the Restructuring of Distressed State - Owned Enterprises: Evidence from China [J]. Emerging Markets Finance and Trade. 2014.

[14] Megginson William L, Netter Jeffry M. From State to Market: A Survey of Empirical Studies on Privatization[J]. Journal of Economic Literature, 2001.

[15] Estache A, Gonzúlez M, Trujillo L. What does "Privatization" do for Efficiency? Evidence from Argentina's and Brazil's Railways[J]. World Development, 2002.

[16] CHEN GM. FIRTH M, XIN Y, et al. Control Transfers, Privatization, and Corporate Performance: Efficiency Gains in China's Listed Companies[J]. Journal of Financial and Quantitative Analysis, 2008.

[17] Marcelin Isaac, Mathur Ike. Privatization, Financial Development, Property Rights and growth [J]. Journal of Banking & Finance, 2015.

[18] Demsetz H, Lehn K. The Structure of Corporate Ownership: Causes and Consequences[J]. Journal of Political Economy, 1985.

[19] Vining A E, Boardman A R. Ownership and Performance in Competitive Environments[J]. Journal of Law and Economics, 1989.

[20] Vining A E, Boardman A R. Ownership Versus Competition: Efficiency in Public Enterprise [J]. Public Choice, 1992.

[21] Arocena Pablo, Oliveros Diana. The Efficiency of State-Owned and Privatized Firms: Does Ownership Make a Difference? [J]. International Journal of Production Economics, 2012.

[22] Nabin Munirul H, Xuan Nguyen, Sgro Pasquale M, et al. Strategic Quality Competition, Mixed Oligopoly and Privatization[J]. International. Review of Economics & Finance, 2014.

[23] Fuchs Kira, Uebelmesser Silke. Can There Be Too Much Privatization? The Role of Political Incentives[J]. CESifo Economic Studies, 2014, 60(4): 722-746.

[24] Shleifer A, Vishny R W. The Grabbing Hand: Government Pathologies and Their Cures[M]. Harvard University Press, 1998.

[25] Nolan Peter, Wang Xiaoqiang. Beyond Privatization: Institutional Innovation And Growth In China's Large State-Owned Enterprises[J]. World Development, 1999.

[26] Belloc Filippo. Innovation in State-Owned Enterprises: Reconsidering the Conventional Wisdom [J]. Journal of Economic Issue, 2014.

[27] Sachs J D, Zinnes C, Eilat Y. Patterns and Determinants of Economic Reform in Transition

Economies: 1990—1998. CAER Ⅱ Discussion Paper 6, 2000.

[28] Lu Y, Shi X Z. Corporate Governance Reform and State Ownership: Evidence from China[J]. Journal of Financial Studies, 2012.

[29] Brooks S. Mixed Ownership Corporation as an Instrument of Public Policy[J]. Comparative Politics, 1987.

[30] Megginson WL, Nash RC, Randenborgh MV. The Financial and Operating Performance of Newly Privatized Firms: An International Empirical Analysis[J]. Journal of Finance, 1994.

[31] Stephen Martin, David Parker. The Impact of Privatization: Ownership and Corporate Performance in the United Kingdom [M]. London: Routledge, 1997.

[32] Mattijs Backs, Mickael Carney, Eric Gedajlovic. Public, private and mixed ownership and the performance of international airlines[J]. Journal of air transport management, 2002.

[33] Simeon Djankov, Rafael La Porta, Florencio Lopez De Silanes, et al. The Regulation of Entry [J]. Quarterly Journal of Economics, 2002.

[34] John Bennett, James Maw. Privatization, partial state ownership and competition[J]. Journal of Comparative Economics, 2003.

[35] Hamid Beladi, Chi-Chur Chao. Mixed Ownership, Unemployment, and Welfare for a Developing Economy[J]. Review of Development Economics, 2006.

[36] Niazi MA, Hussain A. A Novel Agent-Based Simulation Framework for Sensing in Complex Adaptive Environments[J]. IEEE Sensors Journal, 2017.

[37] North D C. Institutions, Institutional Change and Economic Performance [M]. Cambridge: Cambridge University Press, 1990.

[38] Schmidt C. Game Theory and Players Beliefs on the Play[J]. Knowledge, Beliefs and Economics, 2006.

[39] Smith J M, Price G R. The logic of Animal Conflict[J]. Nature, 1973.

[40] Kettl D. Sharing Power: Public Governance and Private Markets[M]. Oxford: Oxford University Press, 1993.

[41] Linder S. Coming to Terms With the Public-Private Partnership: A Grammar of Multiple Meanings[M]. Cambridge: MIT Press, 2000.